U0085441

哲學輕鬆讀

墨翟先生，請留步！

李賢中　著

三民書局

國家圖書館出版品預行編目資料

墨翟先生，請留步！／李賢中著.－－初版一刷.－－臺北
市：三民，2011
　　　面；　　公分.－－(哲學輕鬆讀)

　　ISBN 978–957–14–5528–0　（平裝）
　1.(周)墨翟 2.墨子 3.學術思想 4.研究考訂

121.417　　　　　　　　　　　　　　　　　100012758

© 　墨翟先生，請留步！

著 作 人	李賢中
企劃編輯	蔡宜珍
責任編輯	蔡宜珍
美術設計	黃顯喬
發 行 人	劉振強
著作財產權人	三民書局股份有限公司
發 行 所	三民書局股份有限公司
	地址　臺北市復興北路386號
	電話　(02)25006600
	郵撥帳號　0009998–5
門 市 部	（復北店）臺北市復興北路386號
	（重南店）臺北市重慶南路一段61號
出版日期	初版一刷　2011年7月
編　　號	S 121280

行政院新聞局登記證局版臺業字第○二○○號

有著作權·不准侵害

ISBN　978–957–14–5528–0　　（平裝）

http://www.sanmin.com.tw　三民網路書店

※本書如有缺頁、破損或裝訂錯誤，請寄回本公司更換。

哲學人的哲學事——序言

Ⓠ 遇見哲學的那天：

我可是翻山涉水，繞了許多路，拐了許多彎，才遇到哲學的。

在成長的過程中，每個人都要面對一個接著一個的問題——這宇宙萬物究竟是怎麼一回事？萬物何來何往？人生何去何從？自己的人生要如何開展？真正的興趣是什麼？該選讀什麼科系？該選擇什麼職業？尋找怎樣的伴侶？……許多的問號不斷浮現在人生的旅程中。

記得三十多年前的我，對於自己的前途感到茫然，雖然當時讀的是頗熱門的電子工程，但我並不確定自己將來是不是要從事電子相關的行業。我常常會在報紙上「事求人」的小廣告中，尋找自己將來可能投入的行業，可能會過的生活，但是一些想像的畫面始終模糊不清。後來，我發現，如果我不能確定自己的真正興趣，明確地知道「我是誰？」，其他的問題都無法解決。

在許多可能的答案中，我比較喜歡的答案是：「我是一個有思想的人。」我會思考許多問題，於是我對心理學開始感興趣，希望透過心理學的知識幫助我瞭解人、瞭解人的思想究竟是怎

麼一回事。經由心理學的媒介，我才遇到了「哲學」。因為心理學是從哲學分出來的一門學問，其實不只心理學，許多自然、社會、人文的學科早期都是從哲學中分化出來的，哲學可以說是「學問之母」。

哲學對我而言，像一個永遠離不開的初戀情人，遇見她就愛上她。她會告訴我許多問題的想法與答案，她也會問出一些其他學科不曾問過的問題。例如：政治、經濟、教育都與人的行為有關，但「人」是什麼？許多學科都包含著各種不同的知識，但「知識」是什麼？每一種學科的知識都自以為真，但「真」是什麼？而這些問題，「哲學」都會從方方面面不同的角度告訴我。和「哲學」這個情人在一起，很難不打破砂鍋問到底，就在這問來問去、問去問來的過程中，她成了我的最愛。

可是，「哲學」她雖然很會探問終極的問題，卻很難給出令人完全滿意的終極答案；她給出了古今中外大哲學家們的一些想法，但那些主張卻又不是最後定論的解答。由於她曾號稱「學問之母」，她有著既深又廣的內涵，她的基本性格是理性、客觀，又常常嚴格要求普遍、全面，因此在與她交往的前幾年，我不是沒有想過和她分手的念頭，只是當我一開始動念「為什麼」要分手時，不自覺地又投入她的懷抱，哲學就是有她那種說不出來的奇妙魅力。

雖然許多不瞭解她的人，認為哲學是十分冷門的學問，與現實生活距離遙遠，但是對我和一些喜歡思考的朋友而言，哲

學才是我們生命中的「大熱門」，生活根本離不開她。

Q 哲學對作者的意義：

　　你玩過拼圖嗎？拿起一片綠色的拼圖，你不知道那是什麼，一片紅色的拼圖，你也不知道那是什麼；可是一些綠色與紅色的拼圖拼在一起，讓你看出了那是紅花綠葉，你就可以清楚地肯定那原本一片片綠色拼圖的功能與作用。當你繼續把其他相關的拼圖拼湊起來，你可能會發現這一小簇紅花綠葉竟然綻放在大海邊際、高不可攀的懸崖上，當整幅拼圖畫面呈現時，你就會瞭解那原本一片片的紅色拼圖有什麼意義。

　　人生不也是如此？過去的堅持、現在的努力，都像一片片的拼圖，若不相對於未來的目標、整體的人生，又怎能看出它的意義？人生存於天地之間、生活在人與物之間，若不能體會宇宙萬物的整體究竟，又怎能看出人生目標、理想的價值？許多人活了一輩子，還搞不清楚為何而活，活著要做什麼，糊里糊塗來到世間，吃喝拉撒一生，再嚥下最後一口氣。有些人不一樣，他會鍥而不捨尋找宇宙的真相，他會追根究底探問生命的意義、生活的目的。他好像拿著幾片拼圖，就開始嘗試著拼湊宇宙人生的全貌，隨著人生閱歷的豐富、生活經驗的累積、各種知識的增加，他手中的拼圖越來越多，拼湊出宇宙人生全貌的可能性也越來越高；古今中外的哲學家正是這一類的人。我們若只靠自己有限的經驗，能拼出的圖貌有限；我們若能藉

著哲學家他們智慧的累積，讓我們看到他們對於相同哲學問題的不同解答，對於相同答案衍生出的不同提問，都會有助於我們去把握宇宙人生的全貌。

人是追求意義的存在者，意義必須相對於整體的把握才能呈現。哲學是探索宇宙萬物的根本原因、人生整體意義的一門學問。對於整體把握的任何可能性都值得嘗試，因為生命的奧祕、人生的意義、「知」的渴望，都與整體的把握相關，而「哲學」這追求真理的愛智之學，為我們提供了掌握意義的可能性。

哲學浩瀚無涯，要從何處入手？或許可以從你自己曾經想過的問題入手，看看哲學家們對這問題的主張如何。當然，也可以從較多人關心的哲學問題入手，聽聽哲學家們對於相同問題的不同看法為何。哲學鼓勵人們有獨立的心靈，在合理的前提下，自由的思考。因此當你看過、聽過哲學家們的宏論之後，哲學思考的舞臺就該你上場了！

Ⓠ 本書特別之處：

看一場電影與聽一人獨白有什麼不同？要瞭解一位哲學家的思想，是讀他的著作還是觀察他與別人的對話？

電影中有許多影像、有許多角色、有許多對話，也有許多劇情；觀察人們的對話，其中有認同、有質疑、有挑戰、有批判，可以呈現許許多多的觀點，使思路更加開闊。我想大多數的人喜歡看電影，而不喜歡聽獨白；比較感興趣的是先觀察哲

學家們的對話，再去讀他們的原典。因此，這本介紹墨子哲學的書，是透過他與古今中外思想家們的對話，來展現墨家思想。

　　這本書，醞釀多時，因為書中的角色是哲學家，都有他們自己的性格。因此，書中的許多對話，並不是筆者在幫他們說，而是由書中人物思想性格發展出來的相互對話。這是與小說家塑造角色性格方式不同的地方，我要根據他們留下來的各種線索，掌握他們的思想性格，直到他們都成為我的朋友一般，才能下得了筆。

　　為何要介紹墨家哲學呢？因為它是先秦戰國時代的顯學。先秦時代有什麼特別嗎？因為那是百家爭鳴最有創造性的時代，也是中華文化的發源階段。儒家、道家、墨家、法家甚至名家，這些發源於先秦時代的思想，在人性問題、倫理道德、政治制度、生命態度、人生理想等許多層面，深刻影響了我們兩千多年。要瞭解我們的時代就必須先瞭解我們的文化傳統；要瞭解我們的文化傳統，當然不能不一探那些原創性的哲學思想。

　　這本書的困難在於如何讓不同時空中的哲學家們見面，但這也是整本書的特色，我們的主角墨子跳躍在這上下兩千多年之中，與比他早、比他晚的哲學家們討論不同的哲學問題；這種時空交會、思想交流的構作，對筆者而言是可貴的經驗。其實，當我們在閱讀古書，思想古人的想法時，就已經在與古人的心靈交會了。希望這對讀者們也會是奇特難忘的思想之旅。

　　從內容來說，本書中不但包含著墨家的修養論、倫理學、

認識論、名辯學，以及軍事、政治、管理思想，其中也包含著儒家、兵家、法家、名家、道家各家的思想概要。雖然，基本上是站在墨家的思想架構來談問題，也從墨家的立場與觀點來回應，但是，在許多對話中，也介紹了先秦各家的論點。希望能帶給讀者們一幅「先秦哲學」的鳥瞰圖。

Ｑ 還有一些話要說：

　　這本書的完成，首先要感謝三民書局編輯部同仁的催生，在他們構想的一系列「哲學輕鬆讀」中將「墨子」納入，從邀稿到完成，前前後後有三年之久，在我繁忙的教學研究工作之餘，抽出時間構思、錄音、撰寫，其間有東吳大學哲學系的王茹意、江心敏同學，協助打字、並參與討論，東吳哲學研究所的王介成同學，也在閱讀初稿之後，提供一些不錯的意見，在此一併致謝！

　　其實，最想好好謝謝的人是這本書的主角——墨子，要不是他有這麼多具有獨創性的思想，就沒有這麼多對話的可能性了。《墨翟先生，請留步！》希望不僅留下他的智慧言談，也將他興天下之利的兼愛精神，留在每一位讀者的心中。

李賢中
於臺灣大學哲學系

墨翟先生，請留步！

目次

哲學人的哲學事——序言

引 子

　　戰國，一段動盪的歲月。諸侯們各自為政，相互征戰，百姓們生活在水深火熱之中，大家都在問，究竟有沒有人可以平定天下，還給人民一個安穩的生活？當時有許多人都提出解決天下之亂的辦法，但似乎沒有任何一套方式真的有效。

　　墨翟，魯國人。生活在西元前第五世紀六〇年代至四世紀初，也就是在孔子過世之後，孟子出生之前。他出身於平民，當時稱為賤人。魯國受周文化的影響，他自小就受到周文化的洗禮。據說，他也曾向著名的史官史角的後代拜師學習，看過許多國家的史書，所以後人稱讚他「好學而博」。他不但學問好，還是手工技藝一流的人物。他懂繩墨，能製造巧利之器。他是一個充滿行動力的哲人。他目睹當時天下蒼生的痛苦，悲憫之心油然而生，希望可以為天下百姓做點什麼。他有獨到的思想，他相信若他的想法能被實踐，天下就可歸於太平。然而他的思想也遭遇不少反對，他相當不服氣。

　　一日，他坐在一棵大樹底下苦思，突然間，他想起了那則古老的傳說：在遼闊、玄祕的神州大地上，流傳著一則古老的傳說：有一絕世寶物，是大禹鎮住黃河氾濫的至寶，雖然那寶物曾被大禹所用，但它卻不屬於任何人。這寶物的大小、形狀沒人知道；但，擁有這寶物的人便可知曉宇宙的究極奧祕，進而能夠擁有改變世界的力量。不過，從沒有人知道這寶物在哪裡。它究竟存不存在呢？如果真有其物，它是什麼？它又會在哪裡呢？他自問道：「如果天下至寶真的存在，並且能夠得到它，

那這段烽火連天的歲月，是否就可終結了呢？問題是，此寶物會在哪裡？那畢竟只是一則遠古的傳說啊⋯⋯」

這個一閃而過的念頭，終日縈繞腦際，居然搞得墨翟輾轉難眠，寢食難安。墨翟的弟子們看到夫子如此，心裡都無法拿個準，不知夫子怎麼了。

一日，弟子高石子終於忍不住開口詢問：「老師，只見您終日眉頭深鎖，不知為何事煩憂？」

墨翟回道：「我想尋找那天下至寶，探探裡頭究竟有沒有可以解救蒼生的祕密。但我不知從何找起⋯⋯」弟子們聽完後，先是驚訝，而後陷入沈默⋯⋯。

過了一會兒，他們開始竊竊私語，眾說紛紜，但不知如何是好。此時，大師兄禽滑釐說道：「老師，您曾教導我們『坐而思不如起而行』。光在這邊煩惱是不可能找到天下至寶的，不如我們就開始尋找它吧！」

弟子耕柱子也說：「上次老師帶我們幾人到衛、宋、楚、越等國，宣揚我們兼愛、非攻的想法，但都不順遂。這次我們可以順便再嘗試一次啊！不必然得去求見君主，我們也可以試著讓地方仕紳或百姓們瞭解我們的想法。越挫越勇，不也正是我們墨家的精神嗎？」

墨翟聽完，回道：「你們說得有道理，行動是最重要的。」於是，墨翟召集了幾名與自己最親近的徒弟，收拾好行囊，帶著期待而堅定的心情，踏上了傳道、尋寶的旅程。

第一章

與惠施、莊子談生與命

在一個風和日麗的下午，莊周與惠施相約到村外走走，兩人邊走邊聊，聊得正起勁時，忽然一陣大霧漫起，瞬間遮蔽了原先清楚的視線，兩人在一陣手忙腳亂的摸索後，不意走進一座霧氣更重的山谷。出了山谷後，眼前一片開闊，再往前走，則是一從未見過的村落。兩人登上村中的一座小橋，不約而同地停下腳步，看了看河水中的魚，莊周忽然有感而發的說：「惠兄，你不覺得這些魚在水中悠游自在，非常快樂嗎？」

只見惠施不以為然的說：「你又不是魚，你怎麼知道魚兒很快樂呢？」

莊周笑答：「你又不是我，你怎麼知道我不知道魚很快樂呢？」

聽了莊子的回應，惠施便自豪地提出了他的見解：「如果我不是你，就不能知道你的感覺，那你不是魚，你也不能知道魚的感覺啊！」

然而莊周不疾不徐地說：「天地與我並生，萬物與我為一，達到如此境界的人當然可以感通萬物的情況了。」

惠施驚訝的問：「你已經達到這種境界了嗎？」

只見莊子一派輕鬆的回答：「我不知道我在什麼境界，我只知道活著的人就有不同程度的感通能力。就像你的腰酸、背痛、腳癢你都可以感受得到；同樣，一個真正體會大道的人，他也能感受到萬物的情況，當然也就能知道魚是否快樂了。」

對莊子的說法感到困惑的惠施接著又問：「你說活著的人可

以有感通的能力，那你如何能確定你現在是活著呢？要知道『物方生方死，方死方生』。萬物有生必有死，在生之期間，無時不朝死的方向發展，並且生命相對於浩瀚的宇宙而言，又是多麼的短暫。」

「我也認為生命很短暫。但是死者生之徒，生者死之徒，萬物的生生滅滅都是道的展現。沒有生就沒有死，沒有死就沒有生；所以萬物都在活中死、也在死中生。」莊周說。

同一時間，正行經那座橋的墨子一行人，聽到了莊子與惠施的「魚樂之辯」後，弟子們紛紛地聊了起來，其中治徒娛對縣子碩說：「剛才他們的辯論，都用了夫子教我們的『援』式推論法。」

縣子碩羞赧的說：「師兄，不好意思，我忘記什麼是『援』式推論了。」

治徒娛說：「你平常的訓練不夠喔。『援』式推論法就是援用對方的觀點來反駁對方。」

「哦，我想起來了，『子然，我奚獨不可以然？』我用你所採取的觀點來反駁你；他說他朋友不是魚所以不知魚，但他也不是他朋友所以也不能知他朋友。對不對？」縣子碩恍然大悟地說。當他們還想繼續討論時，他們的老師墨子說話了。

墨子對莊周、惠施兩人的談話，覺得相當不以為然，他說：「生就是生，死就是死。怎麼可以將生死混為一談呢？」

聽到墨子這麼一說，莊周與惠施兩個人定睛一看，卻嚇了

一大跳，眼前來人似乎是莊周曾經批評過的墨翟。兩人暗忖是否走錯了時代，心中百般疑惑卻又按耐著不說。

彼此介紹一番後，惠施饒富興味的問：「那麼請問您所謂的『生』又是什麼意思呢？」

墨子說：「生，就是形體與知覺同處的狀態，若分離則為死亡。」

惠施說：「一個人活著的時候，儘管是形體與精神俱在，但總是會日漸衰老，這不是一天死一些、一天死一些嗎？就像小孩的滑嫩皮膚慢慢刻滿皺紋，您現在也已經沒有了年輕時的體力，不就是一天一天在衰亡當中嗎？」

墨子回道：「小孩有沒有知覺呢？老人有沒有知覺呢？死人有沒有知覺呢？只要有形體、有知覺的精神活動就是有生命，這兩者緊密的結合在一起，這就是生。不然就是死。有形體而沒有知覺的，這叫做屍體，有精神沒有了形體，這叫做鬼魂。所以你要講『人』的生命，那一定是形體與知覺、心智結合才行。」

惠施又說：「我說的物方生方死，還有一層意義，乃是從相對比較來說，因為從時間或空間來看，最大的空間是什麼？最長的時間又是什麼？」

縣子碩忍不住插話反駁：「但是最大的時間你根本經歷不到，最大的空間你也觀察不到呀。」

惠施回應他：「難道經歷不到、觀察不到的東西也就無法思

考、無法想像嗎？別人說不上來，我卻為它下了定義，無限大的時空稱為：『大一』，也就是最大的空間之外，再沒有其他空間，最長的時間之外，再沒有其他時間。所謂『至大無外，謂之大一。至小無內，謂之小一。』相對於那無限的『大一』來說，人類的生生死死，不過是一瞬間罷了，所以我才說：物方生方死啊！」

墨子接著說：「既然你用了『生』、『死』的名稱，你就要想一想，這個名稱是怎麼來的。『名』是用來舉出『實』的，既然你用了生、死這兩個不同的名，難道它們所指的事實會相同嗎？活著的狀態與死的狀態是不一樣的，因此我們才需要用不同的名稱來稱呼它們，也唯有透過這種方式，我們才能分辨世界上各種不同的事物。」

此時，一旁的莊周點了點頭說：「先生說得好，名者，實之賓；名是跟著實走的，有怎樣的實，就用能夠相應的名稱、符號去代表它。就好像花有花的名，草有草的名，花草樹木名稱相異，各不相同。既然生、死之名不同，它們所代表的事實也不會一樣。但是，由於人的有限，觀點不同，不同的人對於『事實』的掌握也不太一樣。若從『道』的觀點來看，萬物皆有道，道乃是無所不在的。」

聽完莊周的一席話，惠施說：「世界上的事物不是大同小異，就是小同大異。同樣用『花』的名稱，有玫瑰、有薔薇、有牡丹，花的品類各不相同。花草樹木雖不相同，但我們也可以用

『植物』這個名去稱呼它們。可見花草樹木雖然有不同的一面，也會有相同的一面；同樣的道理，生與死雖然有不同的一面，但是也有它們相同的一面，都是道的展現，所以我說：物方生方死，是有它的道理的。」

語畢，墨子一行人緩步走下橋，繼續向渡船頭的方向前進，而莊周和惠施為了和墨子繼續討論未完的話題，也亦步亦趨的跟著他們一起走。

停頓了一會兒，莊子又再度開啟了話匣子說道：「墨老先生，雖然您認為生與死是不同的，但您也不能否認惠施所說，人生下之後就會朝向死亡的方向發展，人人都有一死這個事實；並且，子夏先生曾說：『死生有命。』人的生死都有定數，就算我們不能預知何時會死，但是這一切早已經是命定了。您的看法如何呢？」

「你可曾聽過子夏的老師孔老夫子所說：『十五志於學。』『學而不思則罔，思而不學則殆。』這表示學習的重要，如果一切都已經是命定的，那還要學習做什麼呢？一方面教人學習，另一方面又認為一切都是命中註定，這就好像一方面叫人把頭髮包起來，另一方面又命人將他的頭冠去掉一樣，是自相矛盾的。不是嗎？」

「所以您一定也反對貧窮或富有、長壽或短命都是命中註定而不能改變的，是嗎？」惠施問。

「那是當然的。」墨子說。

　　莊周問：「那請問您要如何改變呢？您又是如何養生來增添自己的壽命呢？」

　　「我認為形體與心智彼此會相互影響，形體、知覺與外物接觸，就會引發欲望的好惡之情，譬如：一些國君見到別國的土地廣大、物產豐富，就想發動戰爭據為己有，一般人見到眼前有美食就想大吃一頓、暴飲暴食，見到饑荒災難就會厭惡而躲避；因此在養生方面首重一個『平』字。」墨子不疾不徐的說。

　　「什麼是『平』呢？」惠施急忙的問道。

　　「『平易恬淡，則憂患不能入，邪氣不能襲』，如此他的精神就不會受到虧損，對不對？」莊子提出對「平」的看法。

　　「你說得不錯。」接著，墨子提出自己的觀點說：「我們雖然可以認識外界的事物，但並不因此產生好惡之情，而能保持心平氣和，這就是『平』。」

　　惠施不以為然的說：「這聽起來容易，但要怎麼做呢？」

　　「棄事則形不勞，遺生則精不虧。你看楚威王曾經派他的使者來，用很高的俸祿邀請我去做他們國家的高官，為他辦事。我笑著對前來的使者說：你有沒有看過在祭祀大典上的祭品犧牲？牠吃得又肥又壯，又裝扮得漂漂亮亮，還向那些辛苦耕田的牛誇耀自己的福氣，但等時辰一到，把牠牽到太廟中，殺牛刀放在牠前面，這個時候，就換耕田的牛笑牠了。所以我情願在這山林野外，逍遙自在，也不要受那些君主的約束，我一輩子也不會當官的。」莊子回憶起往事。

對於莊周的說法，墨子提出了異論：「你所說的『遺生』，捨掉對於生命的執著，這我可以同意，不去當官我也可以同意，但該做的事還是要做。對於天下人有利的事不能不做啊！」

「如果您不能超越於世俗的紛紛擾擾，還在那裡執著應該做、不應該做，那您的心如何能夠平靜得下來呢？」莊周問。

轟隆！轟隆！遠方傳來陣陣雷聲，就在大家忘我的言談間，不知不覺地陽光被大片烏雲所遮蔽，霎時間，風起雲湧、天地變色，春和景明的氣象頓時變了個樣，原本恣意飛翔的鳥兒紛紛歸巢。

墨子望了望天，長嘆一聲說道：「我們墨家處事為人正是根據那偉大而超越的天，老天要我們做的事，我們一定盡心盡力去完成，如果我們凡事都能依照天意去行事，我們自然就能夠心安理得、心平氣和了。」

「不對啊，你們墨家不是反對生死有命的宿命論嗎？怎麼這會兒又相信起天命來了，墨老先生，您不覺得你們是自相矛盾嗎？」惠施提高了嗓門質疑道。

墨子回答：「我們所反對的是帶來消極態度的宿命論，我們並不反對導致積極作為的使命感。就像歷史上桀、紂、幽、厲這樣的暴君，自己不好好治理國家，荒淫暴虐、貪婪無道，上不敬天、下不愛人，結果國家滅亡了，還說這是命中註定。如果人人都持這種命定論，農夫不耕種、婦女不織布、士君子不管理政事，那天下豈不大亂。所以我們所反對的，是這樣的一

種命。」

但是莊周認為：「死生是命，就像有白天、有夜晚一般，恆常如此，這是人所不能改變的，就是所謂的『命』。人對於他不能改變的、無可奈何的事，能夠安之若命，安然的去面對，心中沒有怨懟、沒有不捨、沒有憤怒、沒有憂傷，這是有德者才能達到的境界。」

「這讓我想起幾年前，莊兄你的夫人過世，我前去探望，想去安慰莊兄，沒想到你竟然敲著瓦盆在那裡唱歌，那時我只覺得你真是太過分了，但現在我懂了！」惠施恍然大悟的說。

「當我妻子剛死的時候，我怎麼能夠不感慨傷心呢？但繼而一想，她從哪裡來？她原本不是無生無形嗎？如氣化於宇宙之間，她由氣變而有形，形變而有生，現在又從生變而至死，這不就是像春夏秋冬四季的變化一樣嗎？現在她可以將整個宇宙當做她的寢室，我還有什麼好哭的呢？所以我就不再傷心了。這也就是我對於無可奈何的命所採取的態度。」

墨子在一旁感嘆道：「我們對於生命的來源與結束的看法與你們不一樣，我們認為人的生命是來自於上天，人生在世要努力完成天意。上天所賦予每一個人都有他的使命，我們做了天要我們做的事情，天也會成就我們所想要的事物。人都會有死的一天，而上天會對我們一生的表現，給予一個最公正的評價與賞罰。並且我們也不認為，人死就是一切的結束，人死了之後會以另外的一種型態存在，來承受天的賞罰，因為天是絕對

公正的。因此我們必須積極的努力完成天要我們做的事情。」

「如果真像你們墨家的看法，那麼天有多大的能力？您怎麼知道天要您做些什麼呢?」惠施問。

墨子說：「天的作為廣大而無私，祂對人類的愛何其深厚，就像那陽光和雨水，是普遍的供給大地萬物以及施予所有的人，祂對於人類的指引是那麼的恆久而明確。至於天的能力是無與倫比的。『天』有祂的意志、有好惡，是無所不知、無處不在，又能施行審判、加以賞罰的最高權威，不論你有多高的地位，也不論你有多少的財富，或者你有多少的軍隊，力量有多大，天要施行懲罰，任誰也逃不掉。因此人必須做符合天志的事才能得生。」

「如此說來，人註定要聽命於天，這不也是一種命定論嗎?」惠施笑著說。

墨子搖了搖頭否認惠施的說法並嚴肅的回答：「如果人實際上不能不聽命於天，毫無自由可言，那麼你可以說這也是一種命定論，但事實上有太多人恣意而行、為所欲為，根本不顧天理，這顯示人是有自由、可選擇的，天要人們做的事，就是人應該做的事，這也就是人生在世的使命，你有自由，你可以做，你也可以不做，甚至你可以做那些不應該做的事，像三代的暴王一般，但最終上天會有祂公平的獎懲。也正因為人有自由，所以人必須為他的所作所為負責，需要積極而努力的面對人生各種問題，我們當然反對宿命的命定論。」

聽完墨家命定論的主張，莊周充滿好奇的問：「那麼上天要人們做什麼事呢？」

墨子嚥了嚥口水，耐心的答覆說：「天要人秉持正義行事為人，人與人之間彼此相愛、互相得利，所謂兼相愛、交相利，進而能興天下之利，除天下之害。」聞畢，佇立一旁聆聽老師與莊周、惠施交談的學生治徒娛、縣子碩、禽滑釐、耕柱子和幾位弟子紛紛點頭表示非常贊同。

這時，遠方的小船已經慢慢接近。眼尖的惠施看到，便著急的提出下個問題：「墨老先生，您談的這些太過理想化了，我還是關心有關如何養生的問題。您一方面希望保持心平氣和，另一方面，您又希望要興天下之利，除天下之害。一方面相信天意，另一方面又反對命定。如此好利、惡害，順天、非命，顯然已有好惡之情，如何能達到『平』呢？」

墨子說：「你說的不錯，我們在現實的生活中充滿著各種刺激與誘惑，許多外在事物的變化的確會影響到我們內心的平靜。」

莊周接話說：「所以我主張首先要順應四時，人在天地之間，順應四時就是順應寒暑的變化，陰陽調和，自然有助於生命的發展。其次要節制欲望，因為欲望的氾濫必傷害身體，所以節制人的欲望也是延年益壽的養生方法。」

此時，遠方傳來一陣吆喝聲，眾人不禁抬頭張望，見船夫奮力揮動雙臂示意船將靠岸。

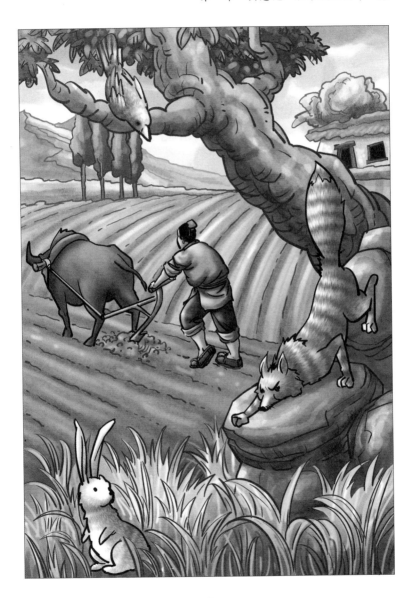

見狀，弟子們紛紛拿起一旁的行囊，唯有墨子態度從容的接著先前的話題說：「人的生命來自於天，養生在於奉行天志，天要人興利除害、兼愛天下。即使刻苦己身、即使嚴寒溽暑，也要勉力為之，要有像大禹治水，三過其家門而不入的犧牲奉獻精神。唯有依照天意而行才能使人心平氣和，因此我們墨家並不是離群索居，不問世事，以眼不見為淨的方式養生，而是以入世的態度，面對問題、解決問題。在解決問題的方法上，我們強調一個『權』，至於在欲望方面我們強調的是『宜』。」

語畢，船已靜佇在河面上等待眾人登船，墨子與眾弟子向莊周、惠施告辭後隨即登船。但惠施還想聽墨子繼續談他的權宜之道，於是轉身向一旁的莊周問道：「莊兄，我倆隨他們上船繼續與墨老討教討教如何？」只見莊子淡淡的回答：「墨翟、禽滑釐他們的思想是有些道理，但是他們的作法則大有問題，一定會使他們以後的弟子忙壞、累死，他的弟子們競相犧牲，反而無法治理好天下之亂。不過，墨子的確是天下的好人，是求之不得的大好人，你想去聽，你就去吧，我還要到那無何有之鄉，在那蔽天大樹下休息休息。別忘了那神木的無用之用方為大用啊！」

惠施聽完，失望的說：「好吧！那我隨墨老先生一行人登船，莊兄你好好保重，我倆他日再會！」

　　　×　×　×　×　×　×　×　×　×　×　×

惠施與莊周話別後，隨著墨子一干人等上了船，還未站穩，惠施就緊接著問：「剛才您說上天要人秉持正義行事為人，您所說的『義』所指為何？」

墨子感受到惠施積極求教的心意，尚未坐穩便回答道：「義就是利，義也是正。」

惠施驚訝的再問：「義必須公正，這我可以理解，但義怎麼會是利呢？難道你們不曉得孔夫子將義與利看做是相反的兩件事？所謂：『君子喻於義，小人喻於利。』義、利是分辨君子與小人的標準，義、利豈可相提並論呢？」

此時一旁聽聞惠施的發言，為此感到不苟同的墨家大弟子禽滑釐，不禁憤憤然開口：「我們所說的『利』不是私利，而是天下的公利、大利！義不只是公正的利益，並且也要以這公正作為管理百姓的標準。」

墨子瞥了眼禽滑釐，暗示他稍安勿躁，接著對惠施說：「所謂的義，就是以天下人的生存、發展作為自己的職分、本分，作為自己的責任。只要你願意，每一個人都有能力去做有利於別人的事，不一定要做官才能有利天下人。這就是義。」

「為義，什麼事情最重要？」治徒娛、縣子碩這兩位弟子也在一旁問老師。墨子轉身向他們解釋說：「就好像砌一面牆，能夠砌得平整的就去做他砌磚築牆的工作，能夠挑土做磚的人就去做他挑土做磚的工作，能夠觀察測量的就去做他觀察測量的工作，這樣最後牆就砌成了。同樣地，能夠辯論、表達能力好

的去做宣傳、溝通的工作，能夠熟悉往聖先賢道理的可以從事傳道、教書的工作，能夠懂得如何守備的人就去從事具體的防禦、實務工作，如此一來大家通力合作就可以完成正義的事。所以每一個人都有能力做有利他人的事啊！」

「我有利人的心志，但不一定會有利人的效果啊！」惠施反駁道。

對於惠施的反駁，墨翟提出更詳細的說明：「有利人的心志、有利人的能力、有利人的行動、有利人的效果，都是我們墨家所看重的，我們肯定人人都有利人的能力，但未必人人都有利人的心志。所謂利人的心志，就是助人的念頭；利人的能力，就是助人的能力，並且這種能力並不侷限於外在事物，像金錢之類，而是天賦予我們本身就有的基本能力；而利人的行動是指，有了心志也有了能力之後還要去實踐才行；至於所謂利人的效果，有時明顯、有時不明顯，有些情況短期就能見效，有些情況要很長一段時間才看得出來。綜合以上的四點，我就舉個簡單的例子來說明：今天某人的家境不好，我想要幫助他，這是『心志』。我可以努力工作，並將工作的成果與他分享，這是『能力』。我可以把自己釣的魚，或農作收成的一部分給他，或者教他如何釣魚、給他一些稻、麥種子協助他播種耕作，這是『行動』。最後，他的生活改善了，這是『效果』。又如所謂『十年樹木，百年樹人』，只要願意去做，或多或少都會有利他人的。但是有一點很重要，要以天下人為念，而不是以自己能

不能當官，或表面上利人，其實是為了其他自私的目的。」

「這樣聽起來好像與孔子的『義』也沒有太大的不同。但是在實際付諸行動的時候，您提到了一個『權』字又是怎麼一回事?」惠施繼續追問。

「如果你在半路上遇見了強盜，他為了搶你身上的財物，不分青紅皂白掄起刀朝你砍下去，千鈞一髮之際，如果你用手去擋，手指會被他削斷，但不用手去擋，可能連命都不保，在這種情況下，你會怎麼做?」墨子笑了笑反問惠施。

惠施不加思索的回答:「當然是用手去擋。」

「可是手指被砍斷是一件好事還是壞事?」

「當然是壞事。」

「有害的事你為何要做?」

「因為和保命比較，手指被砍只是小害。」

「權的意義就在於此。」墨子繼續說:「權，不是片面的來評斷一件事情的是非、對錯，而是統觀全局的事態來評估。如果單純的來看斷指這件事，當然是有害的，但是相對於可以保住性命而逃離來看，它又是一件有利的事情;所以，權就是『利之中取大，害之中取小也。害之中取小也，非取害也，取利也。』這是我們墨家在解決實際問題或具體行動時所根據的原則。」

「那麼要怎樣才能判斷利害的大小呢?」惠施問。

墨子回答:「凡是有利於天下人的事為利，有害於天下人的事為害。」

「可是天下人彼此間的利益都互相衝突，你們要如何判斷？」惠施感到疑惑。

墨子說：「我們墨家所努力的是要使天下百姓飢餓的有飯吃，寒冷的有衣穿，勞苦的可以休息，社會有秩序，大家活得下去，這是每個人的基本需要。人人可以生存、可以發展，這也就是天意。」

此時墨翟的目光由船內眺望到船外的河岸邊，伸手指向那岸邊，開口說：「河岸邊的草，有河水的滋潤，得以生長；那麼旱地上的麥子，又該如何生存呢？這時，人們便須挑水灌溉提供水分，使其得以成長。而麥子成熟也就能提供人們食物，使人得以生存。也就是說，天會以不同的方式使萬物得以繼續生存，這就是天意啊！」

墨子接著說：「所謂：『生生之謂易』、『天地之大德曰生』。天地萬物的變化，就在於使生命得以生存發展，至於人與人的個別利害衝突，或國與國之間的利害衝突，我們則要看誰是站在正義的一方，如果像大國侵略小國，我們就會幫助那小國防守，抵禦大國的侵略。不過，我們不會為了解決區域性的問題而忽視天下百姓的福祉。因為有時為了解決局部的問題，反而造成整體更大的傷害；就像有人出於一時的悲憫，保全了強盜的生命，放虎歸山，反而傷害了善良的百姓一般。總之，我們還是會以整體人民的福祉為權衡的標準。」

惠施再問：「這與養生有什麼關係？」

　　墨子說：「養生若從個人的生命來講，如果天下太平，當然希望自己也能長命百歲。可是，如果天下大亂、民不聊生，那麼養生就不能只是養一己之生，而是要顧念天下蒼生。你希望自己有怎樣的『生』，你就應該努力讓別人也能享有，就好比你有錢吃山珍海味，而窮人卻沒有辦法享用，那麼你就應該捨棄山珍海味，而買足夠分給大家吃的食物，這便是愛人若己，也是上天給我們的使命。」

　　談話告一段落，禽滑釐將行囊中的水壺交給師父。等墨子喝了一口水，稍作休息後，惠施接著問：「能不能請您再談一談前面提過的，在個人欲望滿足方面的『宜』呢？」

　　墨子說：「每一個人都有他所喜歡或厭惡的事物，這是人求生的必然反應，但是欲望的大小、需求的多少，與結果的好壞並沒有必然的關係，而是要看他所欲與所惡是否適宜。如果人的欲望適宜，就能得到益處，如果欲望不適宜那就會遭受損害。」

　　此刻一旁的禽滑釐信心滿滿地補充說：「老師的意思就是認為像現在許多國家的王公大人，自己的百姓還處在飢寒交迫的光景中，他們的生活卻是極盡奢侈浪費，每餐的山珍海味多到吃不完，最後倒在水溝裡臭掉。貴族們吃得肥肥胖胖，對他們身體的健康並無益處，反而百病叢生。」

　　「那麼節制欲望少吃、少喝如何？如此是否有益健康？」惠施問。

　　墨子說：「古代有一位賢者，名叫『少連』，孔子都稱讚他

是一個善於居喪且符合禮儀的人，他就認為人的欲望將會傷害身體，減損壽命，因此他主張要淡化人的欲望、減少人的需求，所以他在居喪期間不吃、不睡，深深的悲哀三年之久，來符合禮。你認為這樣的作法如何？」

「一般人可能無法承受這種生活。」惠施篤定的說。

「是啊，這分明是殘害自己的身體。他以為這樣做是對父母的愛，其實，完全不是這麼回事，他既不愛父母、也不愛自己。人們本來就需要食物來汲取營養、維持生命，因此合宜的食欲對人而言是無害的，就像適量的飲酒對人的身體健康也有益處一樣。」墨子說。

惠施了然地說：「我瞭解你們墨家的『宜』是什麼了！反正就是食量大的人多吃一些，多喝一些；食量小的人少吃一點，少喝一點；大人吃得多，小孩吃得少。不要超過自己的需要，也不要不足於自己的需求，這就是『宜』了。但是人往往不知道他實際需要的『量』是多少，常常將想要的當成需要的。」

原本被烏雲籠罩的大地，隨著時間的流逝，漸漸地遠方的天際露出了白光，雲層散去，鳥啼聲又再度環繞在耳邊。

墨子點點頭說：「你說得不錯，人的眼中若是只有自己而沒有別人，只愛自己、不愛別人，只看自己的需要而不顧別人的需要，那麼他就會想要那些其實他不需要的東西。擁有自己不需要的東西，其實是對自己的一種傷害。對於那些過度滿足一己欲望的人而言，減損他們有餘的部分來照顧更多的百姓，其

實並不會造成對他們的傷害，反而是一種幫助。因此我們墨家主張節用、節葬、非樂的思想。」

「所以你們的『宜』和『權』有異曲同工之妙，都是以多數人的福祉為依歸。」

「對！我們墨家弟子就是要興天下之利、除天下之害。」禽滑釐和其他弟子異口同聲的說。墨子聽了含笑點頭，對弟子們的精神頗感欣慰。

此時，渡船已經靠岸，船已停妥。

臨別，墨子不經意地問了一句：「你可曾聽過天下至寶這個東西嗎？」

惠施搖搖頭說：「沒聽過。」之後拜謝墨子並與墨家眾弟子道別，轉往魏國。墨子師徒一行人則行色匆匆，趕往魯國南方。

惠施

戰國時期哲學家，名家學派的代表人物。宋國人，約生於西元前 370 年，卒於西元前 310 年。《漢書·藝文志》著錄〈惠子〉一篇，已佚失。他的學說散見於《莊子》、《荀子》、《韓非子》、《戰國策》、《呂氏春秋》、《說苑》等書中。

惠施主要在魏國活動，曾擔任魏國宰相十幾年。後來，張儀至魏，為秦連橫，欲以魏合於秦、韓而攻齊、楚，與惠施看法不同，惠施受到張儀之排擠，群臣及魏王皆聽信張儀，於是惠施被放逐到楚國。後來他又轉往宋國，惠施因而得以與莊周交遊。

惠施博學善辯，從《莊子·天下》篇中的「歷物十事」與「辯者二十一事」可以看到他的思想。南方有個怪人黃繚，問他天為什麼不會塌下來？地為什麼不會垮下去？為什麼會颱風？為什麼會下雨？又為什麼會打雷？惠施能對答如流，旁徵博引，口若懸河，一一應答。他和莊周關於魚是否快樂的辯論，也是很著名的辯論。惠施死後，莊周失去一位好友，再也沒有人可以真正與莊子對談了。

莊周

戰國時期哲學家。宋國蒙（今河南商丘東北）人，生卒年約為西元前 365 至 290 年，大約與惠施同時。他樂於山水生活，不願當官，中年隱居在濮水。《史記》中記載，莊子曾在家鄉做過管理漆園的小官，在職不久就歸隱了。楚威王聞知莊子很有才能，派了兩名使者，

以厚幣禮聘，請他做宰相。莊子說：千金、相位確是重利尊位，但這好比祭祀用的牛，餵養多年，便給牠披上繡花衣裳送到太廟作祭品，到那時後悔就來不及了。

據《莊子》一書的記載，莊子生活窮苦，三餐不繼，有一次他還向監河侯借粟。還有一次，他穿著有補釘的布衣和破鞋遇見魏王，魏王問他何以如此潦倒，莊子說，我只是貧窮，生不逢時，而不是潦倒；那種不能行道德的知識分子才是潦倒。那些昏君亂相使天下民不聊生，他好像落在荊棘叢裡的猿猴，當然沒有辦法身手矯健、活動自如了。

莊子一生清苦，即將過世時，弟子們打算好好厚葬莊子，他卻堅決反對，他說他要以天地作為他的棺槨。這些記載反映出莊子的性格和人生觀。

第二章

與巫馬子、公孟子談兼愛

　　話說墨子一行人進入魯國南郊，那時天色已晚，四下杳無人煙，唯有桂花香隨著微風撲鼻而來，沁入心扉，洗去一夥人旅途中的疲憊，恢復了精神。正當他們想找家旅店休息，卻在方圓十里內找不著一家旅店而感到困擾時，忽然見到前面來了兩輛外型簡樸卻不失雅致的馬車。馬車在他們師徒幾人跟前停下，車上緩緩走下來一位長鬚儒者，行至墨子面前，打躬作揖，問道：「來者可是鼎鼎有名的墨翟先生?」見此人如此有禮，墨子也恭敬的作揖回答：「在下正是。請問您是?」

　　「老生巫馬，為儒家弟子，久聞先生大名，想與您討教經世致用之學，特地來此地迎接先生到寒舍一聚。」

　　身旁的弟子聞之，紛紛雀躍不已，只見墨子搖了搖頭說：「素昧平生，豈可至貴府叨擾，您可指引我等至附近旅店休息即可，不必麻煩。」

　　「但這方圓數十里內並無旅店，老生在此靜候多時，請勿見外，寒舍就在前面不遠之村莊內，請隨我來。」巫馬子邊說邊隨手開啟車門請墨子坐上自己的馬車。此時墨子也不再堅持，隨巫馬子前去。

　　眾人坐定，車伕一聲吆喝，馬車緩緩朝遠處的村莊前進。在行進途中，巫馬子迫不及待的問墨子：「我聽說先生在各國帶著您的弟子到處去宣傳『兼愛』、『非攻』的思想，精神可佩啊! 可是您這麼辛苦的宣傳，有用嗎? 各地依舊戰爭連年，天下仍然是民不聊生，好像沒什麼效果。我雖然不像您這麼辛苦的四

出奔波宣揚兼愛，天下也還是老樣子，同樣的結果，您何必要這麼辛苦呢？」

墨子想了想，便提出了一個問題：「如果有個村莊發生了一場大火，有一個人經過，馬上把他身上帶的水壺打開，澆在這火場的一角，可是他的水太少了，對於整場大火並沒有作用。另一個人也經過這個火場，看到了火他還撿了地上的樹枝丟過去，搧了一搧。你覺得這兩個人，誰做的比較對呢？」

「我覺得那個澆水的人做的比較對。」巫馬子毫不猶豫的回答。

墨子滿意的笑著說：「是啊！我就像那個澆水的人。雖然那兩個人的所作所為，一點水，澆不熄火，一根柴也燒不旺，對於那場大火都沒有多大的影響，但是，他們的動機是不同的，他們對於周遭旁觀者的影響也是不同的。」

「是的，不過，我聽說楊朱，他就認為各人自掃門前雪，休管他人瓦上霜，每個人把自己的事顧好了，自然而然就會天下太平。就像您剛才所說的那個例子，會發生大火，一定是有人失職，沒把分內的事做好，如果大家都把自己的事做好，又怎麼會發生大火呢？大家都不失職、各自顧好自己的事，天下又怎麼會亂呢？」

「那要怎麼做，才是把自己的事顧好呢？」墨子問。

巫馬子轉念一想，急切地說：「楊朱有句名言：『拔一毛以利天下而不為。』他的意思就是，你不需要為別人的事去操心，

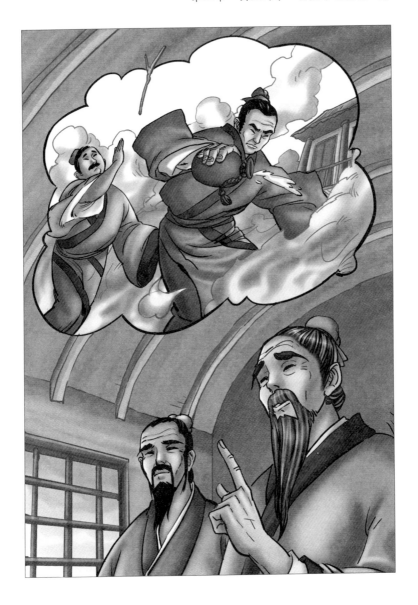

也不要為別人家的事去煩惱，你好好把自己的事做好，不要期待別人會來幫助你，也不需要去幫助別人，每一個人都是獨立的一個人，每個人努力來滿足自己的需要，這就是把自己顧好了；就像大道使萬物各依其類、各自成長發展，當人人都把自己顧好了，還需要誰來管理誰嗎？還需要誰來幫助誰嗎？社會上還會有高低的階級嗎？這樣一個平等的世界也就是大道的自然展現了。」

墨子悠悠的笑了笑，便問：「你認為天下為什麼會亂？」

「其中的因素很多，我希望能聽一聽先生的高見。」巫馬子回答。

墨子說：「沒錯，造成天下大亂的因素很多，其中最重要的關鍵因素，就是人人自私自利，自愛而不愛人。因為人生下來就有需求與欲望，各人的欲望都想要滿足，就會和別人起衝突；你要的東西別人也要，你要的土地別人也要，於是彼此爭鬥，互相爭鬥不休就會造成天下大亂。你以為各人可以顧好個人的事情嗎？各人為了顧好自己的事情不會和別人起衝突嗎？」

巫馬子順了順鬍子說：「先生言之有理，人的欲望如無底洞，的確很難讓人知足，但天下之亂，僅出於此嗎？」

墨子說：「當然不僅如此，如果人與人之間不互相幫助，彼此合作的話，各人根本無法顧好自己。」

巫馬子問：「此話怎講？」

墨子挪了挪身子舒展一下筋骨，接著說：「一個人蓋得好自

己的房子嗎？一個人築得成抵禦強盜的城牆嗎？一個人過得了大河嗎？一個人只吃自己種的食物嗎？一個人穿的衣服都是自己織成的嗎？一個人活在這世上，有多少生活上的需要，是要靠別人的幫助才能滿足？而楊朱卻採取『拔一毛以利天下而不為』的態度，你認為這樣做對嗎？」

巫馬子說：「這態度的確有問題，這就是為什麼我一定要請您到寒舍一聚的原因，因為久仰您的大名，當今天下，堪稱顯學的就屬我們儒、墨兩家。」

聽完巫馬子的一席話，墨子沒有立即的回應，反而是抬頭望向車窗外，注視著浩瀚的星空及高掛於天際的明月，而原先側坐於墨子身旁的弟子見狀，紛紛的噤聲不再私語，車內頓時陷入了一陣沉默。

過了許久，墨子緩緩地開口說：「我年輕時原本從學於史角的後人，學習宗教祭祀之禮儀，也曾學習儒者的教導，但是我發現儒家是站在貴族的立場希望當權者能夠知所反省，卻忽略了平民百姓實際生活的需要；所以我們墨家是站在廣大民眾的立場來希望執政者改革。」

「那麼，您認為儒家有哪些思想不能顧及到平民百姓的需要呢？」巫馬子問。

墨子說：「儒家強調禮、樂的重要。在喪禮的部分，父母逝世，必須厚葬，用最好的棺木，選最好的墓地，相關葬禮的開銷，豈是一般平民百姓所能負擔？若不依此禮儀舉行喪葬之禮，

就被責備不盡孝道。辦完喪事依禮還需要守三年之喪，在居喪期間，悲痛逾恆，不事生產，如此一般百姓家中生計，要如何維持？」

巫馬子問：「在樂方面，可以陶冶性情、教化百姓，又有何不妥？」

墨子說：「我並不是不知道好聽的音樂能使人身心舒暢愉快，但是人民吃不飽、穿不暖，還被徵調服勞役，疲累得連喘息的機會都沒有，而那些王公大人卻以興樂為名目，徵調樂工做樂器，訓練樂師吹彈擊奏，還要讓舞者吃好的、穿好的，來保持美好的體態、姿色，聽樂、賞舞也要百官共同欣賞，讓那些原本可以從事生產的人力，從事樂舞活動；使那些該處理的事因為百官聽樂賞舞、飲酒作樂而荒廢下來。相對於處在飢寒交迫環境的百姓，這樣做對嗎？不事生產的人吃穿不愁，直接從事生產者卻無法餬口，這樣又對嗎？所以我們墨家非樂、非儒。」

巫馬子皺了皺眉頭問：「雖然你們反對儒家，但你們所主張的與儒家又有什麼不同呢？」

在墨子與巫馬子的言談中，馬車已悄悄地進入了村莊，映入眼簾的是巫馬子位於河邊的宅院。

　　　　　×　　×　　×　　×　　×　　×　　×　　×　　×　　×　　×　　×

　　巫馬子的家丁與門客，聞墨子師徒到訪，早已在前庭恭候，其中包括了當時小有名氣的公孟子，他也是儒家子弟，為巫馬子好友。他們對於墨家的影響力十分好奇，因此有許多的疑問想直接詢問墨子。

　　彼此施禮之後，家僕引領墨子一行人進入大廳，映入眼簾的是一道道擺滿在桌子上的佳餚，那是巫馬子特別準備的。但是墨子與其弟子吃得不多。不久，當墨子一放下筷子，弟子們也就停下。巫馬子不禁納悶，是否自己所準備的菜餚不合墨子的口味。他問道：「先生是否不滿意今天所準備的飯菜？何以吃得如此之少？」

　　墨子說：「今天先生所招待之晚宴太過豐盛，比我們師徒平日所吃的要好太多，但實在過於浪費了。」

　　坐在一旁的公孟子聽到這一番話，覺得墨子太不給主人面子了！他想：「那巫馬子大老遠去迎接你，又用好菜好酒來招待你，你卻嫌他浪費，太不近人情了。」但墨子是今天的主客，他想緩和一下氣氛，便說道：「墨先生您兼程趕路，這一路上辛苦了，這豐盛的菜餚是巫馬兄特地為您所準備的，再多吃一些吧。」

　　墨子委婉的拒絕並解釋說：「吃只要吃得飽，能恢復體力就夠了，食、衣、住、行各方面的需要，都一樣。不能只考慮自己的口腹之欲，要經常顧及別人的需要，如果天下還有許多百姓吃不飽、穿不暖，而我們在此大吃特吃，浪費食物，豈不與那些我們所反對的王公貴族一樣？我們絕不能口裡宣揚『兼愛』

『節用』思想，而沒有身體力行的去實踐。」

　　巫馬子見客人都已停筷，自己也匆匆結束晚餐，讓家僕給墨子及他的弟子們換上了一壺茶，說：「我一直想請教先生，你們所說的『兼愛』到底是什麼意思？」

　　墨子說：「兼，就是整體，若只愛少部分的人就不是兼愛。像儒家只愛少數自己的親戚，王公大人也只愛同姓的自家人，這就是部分之愛而不是兼愛，所謂『體分於兼』，體是部分，而兼才是整體。為了整體的大利，在必要的時候必須犧牲自己的好處，甚至是生命。」

　　巫馬子說：「先生您所說差矣，我們儒家並不是只愛自己的親人，我們要把對於血緣至親的父子親情推擴出去，先愛自己的親人再愛鄉人、進而擴及其他的陌生人。所謂：『老吾老以及人之老，幼吾幼以及人之幼。』」

　　墨子問：「你們愛自己的長輩要愛到怎樣的程度，才開始愛別人的長輩呢？你們愛自己的小孩，要愛到什麼地步，才會開始關心別人的小孩呢？一般老百姓就是因為與王公貴族沒有血緣關係，所以才往往成為被忽略的一群。所以我們提倡要平等的愛每一個人。」

　　巫馬子對墨子說：「你們所講的兼愛我做不到，我愛鄒國人要多於越國人，我愛魯國人又多於鄒國人，我愛我自己家鄉的人又超過愛魯國人，我愛我自己的家人又超過我的同鄉。要真正坦白說，其實我愛我自己又遠超過對我家人的愛。這與我的

距離遠近有關，要是我被打，我會痛；若別人被打，痛的是別人又不是我，我為什麼不多愛惜我自己，而要去愛那些無關痛癢的其他人呢？若不客氣的說，只有我為了自己的好處殺別人，絕對沒有殺我自己來達成別人的好處的這種道理。」

墨子說：「你講的這套道理，是要藏起來不讓別人知道呢？還是願意告訴大家？」

巫馬子說：「我何必要藏起來？我當然是要把這套道理讓大家都知道啊！」

墨子說：「可是如果一個人認同你講的這套說法，並且照著你的說法去做的話，那麼他就可能會殺你來得到他自己的好處。十個人贊成你的說法，就會有十個人想要殺你；倘若天下人都認可你的主張，那麼天下人都會想要殺你來得到他們自己的利益。從另一方面來看，如果有一個人厭惡你的主張，認為你在散布邪說，他也可能會想把你除掉，若有十個人反對你的看法，就有十個人想把你除掉，要是天下人都討厭你的說法，那麼天下人都可能會想把你除掉。你看看，你的這套道理，認同你的人要殺你，不認同你的人也要殺你，你的這種主張會為你惹來殺身之禍啊，對你又有什麼利益呢？」

巫馬子被墨子這麼一說，愣了一下，一時接不上話來。此時公孟子順勢提出了他的質疑說道：「那墨先生您又為什麼要提倡兼愛呢？」

墨子不加思索的說：「因為想要興天下之利，除天下之害

啊!」

　　說完墨子稍微清了清喉嚨,見狀,墨子的一個小弟子夷之上前遞了一杯茶給老師,而不等墨子啜口茶,公孟子便急著問:「那當今天下之害為何?」

　　這時大弟子禽滑釐便替墨子回答公孟子的問題:「君不惠、臣不忠、父不慈、子不孝,國與國相攻伐,民與民相虧害,天下大亂、民不聊生,此乃天下之大害,老師您說對嗎?」禽滑釐轉頭望著他的老師。

　　墨子放下茶杯說:「你說的不錯。不過,就像醫生給人治病一樣,如果只是找出了毛病,卻不知病因,那是不夠的。若知道病因但卻開不出藥方,那也是不行的。」

　　「那病因為何? 藥方又為何?」公孟子和巫馬子異口同聲的問。

　　「那病因有五,不敬天、不信鬼、不同義、不任賢,以及不相愛。其中,以不相愛最為嚴重,人人自私自利,愛自己而不愛別人,愛自己的家而不愛別人的家,愛自己的國卻不愛別人的國,於是為了自己的利益而侵害別人、為了自己國家的利益而攻伐別的國家。而我們所提倡的『兼愛』就是藥方,對待別的國家就像自己的國家一樣,還會有戰爭嗎? 愛他人就像愛自己一樣,還會有爭鬥嗎? 這就是為什麼我們要宣揚兼愛的思想啊!」提及墨家的思想時,墨子神采奕奕的說著。

　　公孟子帶著懷疑的眼光問:「立意雖然很好,可是做得到

嗎?」

　　墨子說:「如果做不到就不能算藥方了。你想想以前的堯、舜、禹、湯幾位聖王，他們不是都已經做到了嗎?」

　　公孟子還是不相信的說:「就算聖王能做到，但是對於一般人來說，兼愛實在太難實行了。」

　　墨子說:「從前楚靈王喜歡看人的細腰身材，當他在世的時候，楚國的士人，每天不敢多吃一頓飯，瘦弱得要用拐杖支撐才站得起來、扶著牆壁才能行走。節食是多麼困難的事，但大家為了迎合主上的喜好，卻都能做到。又像從前，越王句踐崇尚勇武，為了檢測他訓練了三年的士卒夠不夠勇敢，於是放火燒船，再擊鼓命令士卒前往救火，士卒聽到鼓聲，毫不猶豫地為了救火前仆後繼，其中被燒死、淹死的不計其數。他們為了迎合君主，這麼困難的事，他們還是做到了。還有從前晉文公喜歡穿粗布衣服，當文公在位的時候，晉國的士人都穿著粗布衣裳，鞋子、帽冠也都用極粗陋的材質，去晉見文公或上朝。經常穿粗布衣也是一件很困難的事，但是只要主上喜歡，就能移風易俗改變大家的習慣，去迎合君主的喜好。現在兼愛、互利要比節食、自焚、穿粗衣容易得多了，只要在上位的人喜歡並鼓勵這樣子做，人們自然就會做到的。」

　　巫馬子頗不苟同地說:「可我看兼愛會違反孝道的，如果你將別人的父母當成自己的父母來愛，那自己的父母不是反而被忽略了嗎?」

　　墨子問：「你所謂的孝道是希望別人對你的父母好，還是希望別人對你的父母不好呢？」

　　巫馬子說：「當然是希望別人對我的父母好啊！」

　　墨子說：「那不就對了，你要是對別人的父母好，那麼別人也就會對你的父母好了。如《詩經》所說的：『投我以桃，報之以李。』人與人之間是相互的，你對別人好，別人也會對你好。」

　　此時，一旁的弟子耕柱子說：「我們不但像愛自己一樣去愛別人，並且需要主動的先去愛人，就好像人與人打招呼一樣，你不能每次都在那裡等別人跟你打招呼了你才回應他，而是必須主動的先向別人問好；不是一定要等別人投桃了之後，你才報李。」

　　墨子說：「沒錯，只有學習像天一樣，先愛天下人，這種互動性才能構成。」

　　公孟子還是不以為然的問：「如果一個人只有一個饅頭，若給了別人的父母，自己的父母就沒得吃，我們還是應該給別人的父母嗎？」

　　墨子說：「那就要視當時的情況來決定。」

　　巫馬子追根究底的問：「是哪些情況呢？」

　　墨子說：「有內、外兩種情況。但首先要瞭解什麼叫做『愛人若己』。所謂『愛人若己』，就是愛別人好像愛自己一樣。因此你必須先懂得怎樣愛自己，吃、穿、用度，面對失敗、成功等等，人總是會有先照顧自己、愛自己的經驗，然後依照這些

經驗將心比心的去為別人設想。因此，一個人不懂得如何愛自己，他就無法愛人『若』己。如果只有一個饅頭，別人與自家情況的比較、別人與自己父母身體的健康情況等等因素的比較，這些是外在情況的權衡。內在情況就是透過你與天的關係，來判斷所做的決定是否符合天的心意？這兩方面都考慮了你就可以將你現在唯一的饅頭給別人父母或給自己的父母。」

弟子夷之接著說：「兼愛雖然是沒有等差、親疏之別的，但是在實踐的時候，還是要從自己的父母開始做起。」

墨子點點頭：「是的，如果你不懂得如何愛自己的父母，那麼你又如何曉得怎樣去愛別人的父母呢？」

公孟子問：「如果你們先愛自己的父母，再愛別人的父母，那不是與儒家沒有兩樣？我們儒家也是：『老吾老以及人之老，幼吾幼以及人之幼。』說了半天，你們的兼愛還是脫離不了等差親疏的仁愛思想嘛！」

「這可有三點不一樣。首先，兼愛可以避免等差親疏之愛在實踐時，只顧自己、不管別人的弊病。其次，兼愛不是由近及遠推出去的，也不是建立在血緣關係的遠近上，愛人若己的『人』可以是完全陌生的人、外國人、大人、小孩、男人、女

人。第三，兼愛的根據在於『天』，而不在於『人』。我們是基於超越之『天』對所有人之愛，進而產生力量，而不是靠著人本身心性的能力去實踐兼愛。因為憑著人自己，無法達到這種境界的愛。」墨子反駁道。

公孟子說：「我不太瞭解您說的第一點是什麼意思？」

墨子說：「從前，我在學習儒家思想的時候曾經觀察到一種現象，親情之愛是人最自然的感情流露、自然表達，不論父母愛子女或子女愛父母都是天經地義；像王公大人分封土地、城邑給自己的子嗣，遇到戰禍，擁有武力的兒子們也會趕回來救父勤王。但是這種別愛與推愛往往推不出去，階段上的正當性變成當下的絕對性，也就是當人在實踐仁愛的當下，並不能納入對其他人的考量，以至於當人在實踐此等差親疏之愛時，可以不顧是非，不管他人的死活。例如：做兒子的不論父王是否昏庸無道，基於父子親情的血緣關係就必須幫助他。」

禽滑釐毫不避諱的直言：「一般老百姓受了儒家思想的影響，父親偷了羊，兒子幫著隱瞞；若是兒子偷了羊，父親幫著隱瞞，認為這就是做人的基本道理，基於仁愛，這是理所當然的。」

公孟子仍心有困惑的問：「那兼愛與此有何不同？」

墨子說：「我們的兼愛是基於天志，是普遍之愛，也是平等之愛。我們雖然也愛自己的父母，自己的子女，但是當父母或子女做得不對的時候，我們的愛不是包庇隱瞞，而是考慮天要

我們做的正義之事為何。例如，在子女尚未偷羊之前就要好好
管教；如果已經偷了羊，就該認錯還給人家。若父王要興兵侵
略其他小國，之前就該勸阻；若勸阻無效，到時也不可為虎作
倀，傷害無辜百姓。總要以天下蒼生的利益為標準，這才符合
天的正義。」

　　耕柱子也說：「在兼愛的時候，我們仍抱持著興天下之利的
想法，雖然愛我們自己的父母、子女，也會考慮別人父母、子
女的存在與需要。我們的將心比心雖然像儒家所講的『恕』道，
但我們不僅僅是推己及人，還包含著要做『天』希望我們去做
的事，因為『天』的愛是普遍的，我們必須顧慮到大多數人的
利益。」

　　在一旁的巫馬子聽得似懂非懂的，便問：「既然你們的兼愛
是來自於天，你們又是如何知道天意呢？」

　　墨子說：「『天』的愛好像陽光和雨水，是普遍的施予供給
所有的人，『天』有祂自己的意志、有喜歡與不喜歡的事，全天
下所有的事祂都能知道，祂無處不在，而且也能夠對所有的人
施行審判、予以賞罰，因此人必須做符合天志的事。」

　　公孟子質疑道：「你們怎麼知道有這樣的『天』存在呢？如
果根本沒有這樣的『天』，你們墨家的思想就沒有根據了。」

　　「我們所根據的是古代聖王所遺留下來的事蹟，一般百姓
所聽見、所看見的事，還有就是依照天志來做事的結果。從這
三方面我們就可以知道這樣的『天』是確實存在的。」墨子緩緩

說道。

巫馬子問：「您說天的愛是普遍的愛每一個人，那麼兼愛又如何可能愛到每一個人呢？我的意思是，天天有人生、有人死，你們要怎麼愛那些已死之人或未生之人？」

墨子說：「這要從人的心志與功效，或動機與結果兩方面來說。」

巫馬子說：「當您說兼愛是要愛所有的人，就包含著現在的人、過去的人甚至未來的人。在數量上可能是無窮的人，您要怎麼愛呢？」

墨子說：「兼愛是從心志上來說的，你可以設想這所有的人都是你要愛的對象，但在實際生活中，每天所接觸的人是有限的，他們也就是你要去愛的對象。」

巫馬子咳了兩聲，說：「這樣說來，在效果上所謂的兼愛就無法同時愛所有的人嘍。就像您雖然走過大江南北，周遊列國，但是天下太大，還有許多地方您不曾到過，您又如何可能去愛那些您見都沒見過的人呢？」

墨子說：「如果一位母親她的小孩走失了，她著急地到處尋找，不知道她的小孩現在在何處，你覺得她還愛不愛她的小孩呢？」

巫馬子說：「當然還愛啦。」

墨子說：「所以，即使我們不知道所愛的人在哪裡，也不會妨礙我們對他們的愛。就像分離多年的朋友，他們彼此想念對

方，他們的友愛依然存在。」

公孟子在一旁聽了一陣子，似笑非笑地開口說：「原來兼愛只是心中的想法，各人在心中想想罷了，對天下人不見得有實質的幫助，對嗎？」

聽公孟子語帶嘲諷，禽滑釐忿忿不平的說：「如果兼愛只是說說而已，那麼我們就不需要跟著夫子東奔西跑，四處宣揚兼愛、非攻的思想，也不需要幫助一些弱小國家防禦，以抵抗大國的侵略了。」

墨子說：「的確，言必信，行必果。坐而言之外更要起而行，這是我們墨家一貫的要求。但是理想與現實不同，一個理念與它的實踐也不同。兼愛是平等的、普遍的愛所有人，但在實踐的時候卻必須從身邊的人做起。這就好像雖然說陽光普照大地，溫暖萬物，但落實於現實世界時，還是會有先後之分。清晨的日出，先光照高山再照亮深谷，先溫照高大的樹，才照到地面上的小草。因此我們必須分清楚心志與功效、動機與結果的差別。」

巫馬子問：「您所謂的『差別』是什麼意思呢？是指我們可以立一個很高的志向，而不必太去計較結果如何嗎？就像你們標舉了崇高的理想，普遍、平等的兼愛，無窮的人、不知在何方的人也可以愛，過去的人也可以愛，還沒生出來的人也可以愛。但是這一切都只是一種想法，一種志向，實際上根本做不到，這樣的兼愛又有什麼價值呢？」

墨子說：「我們所說的『志與功有差別』，一方面是指相同的愛落實在具體對象上會有不同的結果，就好像兩兄弟同樣有愛父母的心，但是因為他們居住的地方不同──一個住在豐收的區域，一個住在歉收的地方──因此過年回家時所帶給父母的穀物，一多、一少，雖然實際的功效不同，但是他們孝敬父母的心志則是一樣的。」

公孟子打斷墨子的話說：「那麼會不會有在功效上一樣，但是他們的動機不同的情況？」

墨子說：「當然，但我要先說明巫馬子的疑慮。『志與功有差別』另一方面的確指出了心志與實踐效果上的落差，但並不會因此而減低了兼愛的價值。因為志與功有密切的關係。」

巫馬子問：「志與功有什麼關係呢？」

墨子回答：「志含有一種在行為進行過程中的持續督促力，志是一連串行為所朝向的目標與方向，可以使未來更好。」

公孟子問：「過去發生過的事，我們可以知道。但我們怎麼可能知道未來會發生什麼事呢？」

墨子說：「假設你的父母在百里之外的地方遇到危難的事，如果你在一天之內趕到，他們的危難就可以解除；如果你在一天之內趕不到他們那兒，他們就會死。現在此地有一匹好馬和一輛堅固的馬車；又有一匹病馬和一輛破車，輪子都不圓，任你選擇。你會選擇怎樣的馬、哪一輛車呢？」

公孟子說：「當然要選好馬和堅固的車啊！」

墨子說：「由此可見，未來的事我們還是可以先知道的。如果你希望明天會更好，今天就要朝著那個目標努力。如果我們希望天下之亂得以平治，我們就要立下兼愛天下人的心志。」

巫馬子說：「您的意思是不是說我們雖然活在現在，但是在內心的想法中卻包含著未來還沒有發生，但是有可能會發生的事。而心志可以幫助我們朝向我們所期待的理想狀況？」

墨子說：「你說的不錯，心志是構成一個做事的人內心思想的重要因素，有怎樣的心志，也就使他活在他心所嚮往的未來之中。好像一個人雖然眼睛看不到天下太平的世界，但他內心的眼睛卻看得到那個理想的世界，因此一個人的心志可以改變一個人的態度，從消極到積極；心志也可以開闊一個人的眼界，有廣大的胸襟。心志可以化為一股強大的力量，推動人朝向理想的目標。心志不是結果也不是效果，但是卻能使人朝向目標前進，使人在朝向目標的過程中的所作所為充滿意義。兼愛的心志推動著我們墨者興天下之利，雖然功效有限，但卻是充滿價值的。」

巫馬子說：「先生說的有理，但墨者如何提升那兼愛的效果呢？」

禽滑釐說：「老師有具體的規劃，對於每一個國家不同的狀況都有對治的辦法。不過現在時辰已晚，讓我們老師休息吧。」

巫馬子抱歉地說：「失禮，失禮，舟車勞頓了一整天，大家都累了，請先生及諸位早早休息吧！」說完吩咐家僕帶著一行人

到客房休息。

　　「明天再說吧!」墨子起身隨眾人離席。

巫馬子

　　巫馬子是戰國初期的一位儒者,《墨子閒詁》的作者孫詒讓認為,他可能是孔子弟子巫馬施的兒子。他常與墨子問難論辯。有一次,巫馬子問墨子說:「鬼神與聖人誰比較明智?」墨子回答:「鬼神的明智與聖人相比,就像耳聰目明的人與聾子、瞎子相比一般。」我們藉由巫馬子與墨子的對談內容,可以更清楚墨家思想的許多觀點與立場。

公孟子

　　公孟子乃是孔子之徒,衛國公孟氏之後,與墨子同時。孫詒讓認為他就是孔子七十子之子高的弟子。他常持儒家的立場與墨子辯論。例如,他曾說:「有德的君子,只是述而不作。」墨子卻說:「最差的是既不創作,也不追述;其次是只創作而不追述前人的善事,為求自己的好名聲;這和只追求前人善事而不創作善事同樣都是一般的偏見。而最好的一等是,對於善事既要創作也要追述,為的是要使善事愈發增多,形成風氣。」因此,墨子反對儒家那種「述而不作」的態度。

第三章

與孫武、公輸盤論兵法

　　墨子與弟子們回到客房後，沒多久弟子們都紛紛入睡了，只剩墨子還點著油燈在看兵書。

　　在這個月黑風高的夜晚，外頭不時傳來陣陣冷冽的風聲，毫無預警地，一陣狂風推開了窗子，熄滅了桌上的油燈。同一時間，庭院牆邊閃進了一條人影。這條人影躲躲閃閃、鬼鬼祟祟，閃進了巫馬子西廂房的房間裡面，緊接著，聽到一聲劇烈的響聲，是花瓶破裂的聲音！

　　這聲巨響，引起巫馬子的家僕們趕緊起身巡察，也將墨子從書中思緒拉回了現實，使他站在窗邊探尋聲音的來源。就在此時，只見一抹身影快速地一躍到屋瓦上，然瓦片卻因他的舉動而鬆動、滑落了幾片，因此發出更大的聲響，將巫馬子一家吵醒，瞬時之間燈火通明，家僕們大喊著：「捉賊啊！捉賊啊！」

　　就在眾人的擾攘紛亂當中抓到了這名小偷，墨子的弟子們也紛紛的趕來，並且互相探詢發生什麼事。家僕把捉到的小偷押進了大廳裡，巫馬子便問跪在地上的小偷說：「你是從哪邊來的？為什麼要來我家偷東西？」

　　而被眾人圍繞的小偷起先低頭不語只管盯著地上，沉默了一陣子才開口道：「現在天下大亂，我本是個衛國人，但是，晉國幾次的侵略導致我家破人亡，活都活不下去了，只好鋌而走險。我經過了幾個國家，到處都有大大小小的戰爭，那些戰爭都是能力強的大國去欺壓能力弱的小國，人多的打贏人少的，而我為了能活下去，這樣做也是不得已的。我剛剛從南方的楚

國上來，路上才聽說楚王正準備去攻打宋國，現在的天下戰爭頻繁，百姓民不聊生，為了生存，我就這樣子四處借點路費、生活費，才能活到現在！今兒個我運氣不好，被你們給逮著了，要殺要剮就隨便你們吧！」

聽完小偷的話，墨子很驚訝地說：「你剛剛說，楚國要準備攻打宋國嗎？」

「是的，」小偷回答：「聽說楚國的軍隊正在調度，差不多準備就緒了，那公輸盤也已經幫楚王做了一些很神祕的武器，據說那些武器將會讓他百戰百勝，所以楚王正準備去攻打宋國……。」

墨子聽到這裡，臉色一沉，神色凝重，但未再說什麼。

巫馬子見偷兒抓到了，時間也很晚了，便快速吩咐家僕將這名小賊移至柴房綁好，明天一早再將人送到官府去，並趕緊請被驚擾的墨子和他的弟子們各自回客房休息。

回房的路上，突然有位弟子出聲道：「老師，我們墨家不是講兼愛嗎？對於巫馬子把那個小賊綁起來送官府這事，我們要不要幫忙求情呢？」

墨子回答：「雖然我們愛天下的人，但是，一個去傷害別人、搶奪別人的盜賊，我們如果同情他，那不是對其他的人不公平嗎？其他的人可能會因此遭受到傷害啊！正所謂『是而不然：盜，人也。殺盜非殺人也』，我們墨家行事為人，要按照天意來做，因此他必須為自己的選擇負起責任來。」聽完墨子的一番解

說後，弟子們也就各自回房休息了。

墨子回到了自己的房間之後，繼續拿起桌上的兵書翻閱著，慢慢地因一天的疲累闔上了眼，他心裡還惦記著：「如果楚國要去攻打宋國，不曉得又要有多少的無辜百姓捲入這場戰爭，使他們家破人亡，生靈塗炭啊！」想著想著，他手中的兵書滑落一旁，墨子進入了夢鄉。

身處在朦朧的夢境之中，墨子只有漫無目的的走著。許久，他瞧見遠方有一抹身影，看不太清楚，不過他很清楚地聽到遠方傳來的一句話：「不戰而屈人之兵。」

「不戰而屈人之兵、不戰而屈人之兵……」墨子無意識的反覆念誦這句話，等到朦朧的人影走近，他才看出是個容貌威武的將軍，墨子隱約感覺他就是剛才所讀兵書的作者，也就是大名鼎鼎的軍事家——孫武！

孫武迎面走近墨翟，臉上掛著淡淡的笑容，他望了一眼，並未等墨子開口，便抬頭望著遠方，自顧自的說起話來，彷彿是說給自己聽似的：「凡用兵之法，全國為上，破國次之；全軍為上，破軍次之；全旅為上，破旅次之；全卒為上，破卒次之；全伍為上，破伍次之。是故百戰百勝，非善之善也；不戰而屈人之兵，善之善者也！」

孫武說完，笑笑地看著對方，等待回應。

聞畢，墨子點了點頭，贊同的道：「百戰百勝，並不是最終的目的，要能夠達到不戰而屈人之兵，這才是最完善的；您所

說的想也正是我們墨家所想要達到的，但是要怎麼才能夠不戰而屈人之兵呢？」

「上兵伐謀，其次伐交，其次伐兵，其下攻城。」孫子回答。

墨子說：「我瞭解，最好的戰略就是要從計謀上能夠屈人之兵，其次是要能從外交手段入手，再其次才是動用軍事的武力，最低下的一種就是直接去攻城掠地，所以，孫子您的看法就是要用計謀的方式，才能夠阻止戰爭。」

「是的，怯生於勇，弱生於強！」孫子說。

墨子又再度點了點頭，說：「我瞭解。這就是老子的有無相生、相反相成的道理，再強大的國家也會有他的弱點。弱小的國家也有克敵制勝的可能。我們必須先要有一定的實力，才能透過計謀的運用，使戰爭得以停止……。」

「但是，現在我想到的是，如果楚國要來攻打宋國，那麼以宋國的弱小，它又要怎麼樣才能夠備戰，怎麼樣能夠阻止楚國的侵略呢？」

孫子說：「凡先處戰地而待敵者佚，後處戰地而趨戰者勞。故善戰者，致人而不致於人也。」

墨子說：「我瞭解，在備戰的時候，我們一定要先把可能發生的地方、情況加以掌握，並且加以準備，若等到實際上了戰場，那時就已經來不及應戰了，所以您說，善戰者，致人而不致於人，要立於主動的立場，取得控制全局的地位。」

孫子說：「是的，如果我們要審度敵我的情況，比較雙方面

的謀劃，能夠對於戰爭的情勢有所認識，有五方面是必須要注意的。」

墨子問：「是哪五方面呢?」彷彿兵書的作者正面授機宜，他要好好把握這難得的機會。

孫子回答：「第一、治道；第二、天時；第三、地利；第四、將領；第五、法制。」

墨子問：「什麼是治道呢?」

孫子說：「所謂治道，就是要有人民來認同，透過政治的組織、管理，讓人民能夠與國君同心，人民願意為國君出生入死。」

墨子再問：「那什麼叫做天時呢?」

孫子說：「所謂天時就是指晝夜、陰晴、寒冷、酷熱、春夏秋冬四季的變化，這些因素都會影響到戰爭的勝敗。」

墨子又再問：「那麼，地利又所指為何?」

孫子回答：「地利就是指征戰路途的遠近、地勢的險要與平坦、作戰地區的寬廣與狹窄，還有地形、地勢對於攻守的利弊。」

墨子再問：「那什麼叫做將領呢?」

孫子說：「所謂的將領，就是要求領導的將帥要足智多謀，賞罰分明，愛護部屬，在決戰的時候，能夠勇敢果斷，並且要能夠軍紀嚴明，來樹立良好的威信。」

接著墨子又問了：「那法制又包含哪些方面呢?」

孫子回答道：「所謂的法制，就是指軍隊的組織、編制的設立、各級的將官、統轄管理和職責分工，以及各種軍需的物質

供應和掌管，都要有法制、紀律。必須在這些因素、原則的把握下，才能掌握整個戰爭的情勢，才能夠致人而不致於人。」

墨子問：「要致人而不致於人？那我如何知曉別人不用同樣的方式來對付我呢？」

孫子說：「知己知彼，百戰不殆；不知彼而知己，一勝一負；不知彼不知己，每戰必敗。」

墨子說：「是的，我們必須要能夠瞭解自己、也要瞭解對方；不能夠只瞭解自己或是只瞭解對方，那這樣的話，戰爭就算打贏了也會遺留後患。但是，我們要如何才能知己知彼呢？」

孫子笑了兩聲說：「墨翟，我知道你是一個有心人，也是一個為天下蒼生爭取和平的勇者，所以，我願意把一些兵法傳授給你，讓你造福蒼生！」

「謝謝，還請您多多賜教！」墨子向孫子作揖表達敬意。

孫子沉思一會兒，說：「嗯……那我們先談談間諜吧，也就是所謂的『用間』！它可細分為五種，若你能將它們運用自如，就可以知道對方的狀況。」

「那敢問是哪五種呢？」墨子問。

孫子回答：「有鄉間、內間、反間、死間、生間，五種。第一個『鄉間』，就是用敵國鄉里的人來做間諜；第二個『內間』，就是用敵國的官吏來做間諜；第三個『反間』，就是指收買敵人派來的間諜為我方所用；第四個『死間』，就是指抱著必死的決心，設法潛入敵營的我方間諜，把假情報傳給敵人；最後的『生

間』，就是指奉派到敵方蒐集敵情的我方間諜，能夠將情報帶回國內。」

墨子說：「嗯！我明白了，倘若我們要知彼，那麼生間就很重要了，對嗎?」

「不，這五種間諜都很重要，必須要同時啟用，並且要設法讓這些間諜忠心耿耿唯你所用，這樣一來，敵人就分辨不清我軍的行向，這是一種神妙莫測的用間方法，是能夠克敵制勝的法寶。」

墨子聽了孫子的一番話，對於用間的方法有更深刻的體悟與瞭解，但他更關心的是如何幫助小國防守大國的侵略，因此，墨子又問：「戰爭如果真正爆發，又會有哪些攻擊的方式呢?」

孫子告訴墨子說：「剛才所講的天時、地利、人事、將領、紀律，這些都是非常重要的。譬如在攻擊的時候，可以利用地勢的高低、風向的轉變，藉由火的攻勢、水的攻勢，甚至是挖地道的方式來攻擊敵方，而這些細節就是在我軍攻擊或是防備上更應注意的地方。又如……」聽了孫子的解說，墨子對於整個戰略的攻防上，有了更深一層的體悟，對於天時、地利、人和、制度更能加以掌握。

然就在此時，他看到孫武在夢境中的身影漸漸變得模糊且慢慢的遠離，他意識到孫子即將離去，於是大聲的向孫子提出最後的問題：「孫先生，那請問您認為戰爭的目的，究竟是為了什麼呢?」

　　孫子回答道：「當然是為了國家人民的利益，為了國君的利益啊！」

　　但墨子對於這樣的回答並不滿意，又問孫子：「如果每一個國家都有一位軍事專家幫忙他的國家、國君獲得這個國家的利益，那麼我們還是沒辦法解決天下國與國之間的爭鬥、彼此的殘殺。有時候，我們使一個國家獲得利益，但另一個國家就必須遭受損害；我們如果解決了一個國家的問題，可能又會造成更多國家的問題；我們打敗了一個國家，而這個國家的人民流離失所，跑到其他國家去，照樣吃不飽穿不暖，天下還是一團亂啊！」

　　孫子說：「你講的是有道理，但是你要解決問題，必須在一定的範圍之內來解決啊！」孫子的身影已逐漸模糊。

　　墨子急著說：「不，我們墨家所講到的範圍，就是天下，我們要興的利是天下之利。我們反對侵略的戰爭，因為大國攻打小國，其實對大國國家的人民來說，也是一種傷害，農人無法耕種，婦人無法紡織，老百姓也無法平靜過日子，照樣也是吃不飽、睡不好。就好像小孩子在玩竹馬，雖然手上拿著竹馬，腳上挾著竹馬，但是跑來跑去的還是自己的腳，還是一樣累人啊！所以我們提倡的是兼愛、非攻，我們不是單純的反對戰爭，我們反對的是侵略戰爭。如果大國侵略小國，我們一定會幫他們防禦，那麼戰爭就無法避免了。」

　　此時孫子的身影已完全消逝了，墨子只在無人的空間中聽

見孫子所留下的最後一句話：「那麼你就專注在守備吧！」

「專注在守備嗎？嗯……不戰而屈人之兵……專注於守備……不戰而屈人之兵……專注於守備……」墨子嘴裡念念有詞，腦海裡不斷的思索著孫子跟他說的最後一句話。

×　×　×　×　×　×　×　×　×　×　×　×

由於墨翟已經知道楚國現在要去攻打宋國，於是第二天一早，他便緊急招集弟子們，匆匆拜別巫馬子、公孟子這些熱心款待他們的儒者，吩咐禽滑釐以及幾位重要的弟子們，必須在有限的時間內，趕緊招集各地的墨者們前往宋國跟楚國的邊界幫忙，此外他也傳授弟子們一些關於守城的辦法。最後他才獨自一人趕往南方的楚國。

墨子一路上風塵僕僕，完全沒有休息，穿在腳底的草鞋都被路途上的石子給磨破了，但他仍然堅持在最短的時間之內趕到楚國。

當他抵達楚國，第一件事情就是去找那幫助楚王製作神秘武器的公輸盤。由於當時墨子為墨學的領導者，在各國相當有名，所以公輸盤一聽到墨子來訪，便親自出門前來迎接墨子，帶墨子進入大廳。

尚未就坐定位，墨子便開口說：「公輸先生，我今日特地前來找您，乃有一要事相求，而這事也只有您才能幫我！」

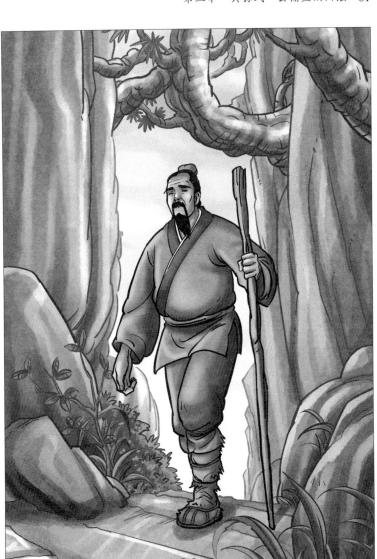

　　說完，墨子便作勢要下跪。公輸盤一看，趕緊阻止墨子的舉動，「先生，您真是言重了！有什麼事您就快說吧，我公輸盤絕對會幫的！」

　　墨子說：「北方有人欺侮我，我此次來就是想要請先生幫我把這人給殺掉！」

　　聽完墨子的請求，公輸盤愣了一會兒，露出非常驚訝的表情，他心想，「大名鼎鼎的墨翟，身為墨家的領袖，不是周遊各國宣揚墨家的兼愛與非攻思想嗎？為何如今卻說出這番違背他個人理念的話呢？」

　　沉默許久，公輸盤才開口說：「墨先生，您的想法我實在是難以接受，因為我是一個講『正義』的人，怎麼可以隨便去殺人呢？」

　　墨子露出為難的表情說：「您不願意幫我殺掉那人嗎？我現在馬上可以給您黃金一百兩，請您幫我把他給殺了，拜託您吧！」

　　說完，墨子又作勢要跪下，公輸盤又趕緊扶墨子起身，搖搖頭堅決地說：「不行！不行！我不能隨便殺人啊！」

　　看見公輸盤的反應，墨子心裡面微微一笑，暗忖：「我就是要等你這一句話！」

　　「公輸先生，您話是如此說，但是我覺得您的正義非常奇怪，既然先生是正義的人、是不隨便殺人的人，那為何您的『正義』寧願去殺成千上萬無辜的百姓，使得天下生靈塗炭，卻不願意去殺害一個人？這是怎麼回事呢？」

　　公輸盤聽到墨子這番話，面有慍色的向墨子回道：「墨先生，您這話是莫須有的事，我何曾殺過成千上萬的百姓呢？」

　　墨子說：「我在北方就聽說，您為楚王製作了攻城的祕密武器，楚王現在已經調派千軍萬馬準備去攻打宋國了。您想想看，當戰爭爆發的時候，宋國不就會有成千上萬的百姓，因為您所製造的武器而喪命嗎？那不就是殺了成千上萬條人命嗎？所以您的正義是不殺一個人，而是要殺害很多人！」

　　被墨子這麼一說，公輸盤當場瞠目結舌，無話可說，過了幾秒鐘之後才吞吞吐吐地說：「那是楚王的事！與我無關。」

　　墨子搖了搖頭，無法認同公輸盤所講的，「如果您知道這是不合乎正義的事情，而您又是一個正義的人，那您就應該去阻止這件事情的發生啊！您應該要去跟楚王說，攻打宋國這件事情是不對的啊！您也不應該為他製造武器。宋國有什麼罪呢？沒有罪卻平白無故的就去攻打宋國，這就是不仁；明知道不對，但又不肯去跟楚王說明，這就是不忠；若您去跟楚王說明後他仍不聽，您也不堅持，這就是不強；且您的正義是不殺少而殺眾，這就是不知同類事物的道理。」

　　公輸盤聽完墨子的話，深感慚愧，最後吶吶地說：「但楚王要攻打宋國是他已經決定的事情。兵士糧秣都已經準備好了，就好像箭在弦上，要阻止也阻止不了……我也沒有辦法！」

　　這時，墨子看著面有難色的公輸盤說：「那您何不帶我去見見楚王呢？」

「唉，好吧！」公輸盤長嘆一聲。

於是公輸盤帶著墨子去見楚王。楚王一聽說墨子這位鼎鼎有名的大人物要來拜見自己，馬上就接見了他。

楚王對墨子說：「歡迎先生的到來，寡人聽聞您的名聲已久！公輸先生說您有急事求見於寡人，不知所為何事？」

「王上，恕草民直言！您的國土有五千里這麼大，但宋國只有區區五百里這麼小，您的國家有很多荒地都還沒開墾，但現在您卻要用堅強的軍隊去攻打宋國！就算真把宋國拿下，但是楚國那些待開發的土地，卻因為這場戰爭死掉不少百姓，而導致延後開發。如此看來您並不能從中得到利益，請問這麼做對您有何好處呢？這就好比有一個人，自己擁有一頂非常漂亮的轎子，而他卻覬覦鄰居家的破轎子；自己有非常保暖華麗的錦繡棉襖，卻想搶走別人身上的破布衣服；自己有很豐盛的雞鴨魚肉，卻想偷走鄰居的糟糠剩菜。這是一個什麼樣的人？」墨子不假言辭，直接切入正題，開門見山的說。

楚王知道墨子在諷刺他，也明示他不要去攻打宋國，但他心裡想的是：「我是要稱霸中原的人，你這種人能懂什麼呢？」

而墨子看到楚王的表情後，瞭解他不能說服楚王，就對楚王說：「如果王上您真的要發動戰爭，我保證楚國也沒辦法把宋國拿下。」

楚王有點驚訝地說：「是嗎？公輸先生已經幫我製造了攻城的祕密武器，我相信我們一定能夠輕易地取下宋國！」

墨子露出高深莫測的笑容，說：「未必吧！不如我現在直接和公輸先生來模擬攻防，演練比畫一下，如此一來王上便能知道您是不可能拿下宋國的！」

於是墨子就把自己的腰帶卸下當作城牆，拿些木片來當作防禦的兵器，和公輸盤兩人在楚王面前比劃起來了。

首先，由公輸盤先攻。公輸盤胸有成竹地開始比劃著，「我會用雲梯來攻，首先我會選擇合適的地點把宋國的護城河填滿，使雲梯可以穩固地安置好；再者我們的士兵為數眾多，個個身手矯捷、驍勇善戰，能大量又迅速地攀上雲梯，以迅雷不及掩耳的速度攻破宋國的城牆。」

墨子一笑，說：「好，如果您用這樣的武器來攻打我們的話，我們就會在城牆上做行城，高出原城牆二十尺，上面加上鋸齒狀的女牆，女牆開各種小孔，孔外用東西遮擋起來，同時我們要在城外距離城數十呎的地方，事先築一道木藩籬，這個木藩籬讓你們的雲梯車根本沒辦法接近。就算你們用人海戰術來攻城，我們也會在城上準備好沙石、燒開的熱水、滾燙的熱油，還會用裝滿柴草的易燃竹簍，點上火從城孔往下丟擲，所以你們用雲梯也攻不進城裡的。」

楚王在一旁聽到了十分驚訝，然而，公輸盤不慌不忙地又另起一計說：「好，那我可以用居高臨下的方式，在城外，距離城牆不遠的地方把土堆得很高，做土山，然後可以藉由它從城外看到城內軍事部署的設施狀況，讓我軍知曉該由何處破你們

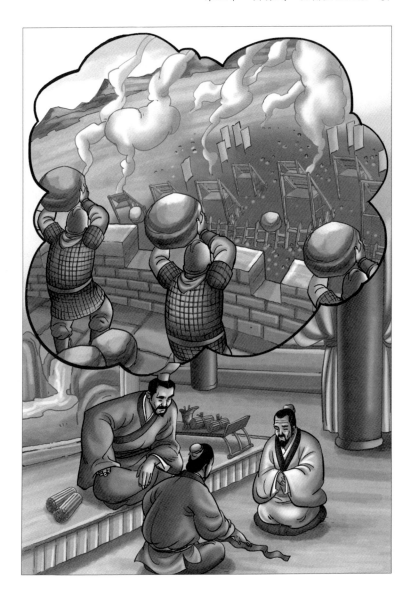

的城！這時你要怎麼辦？又該怎麼樣來守呢？」

墨子回答：「如果你們築土山，那我們也會在城牆上準備好木料，築上一道高於土山的塔樓，一般高大約三十呎，橫生出兩旁二十呎，且我們會在塔樓上安置弓箭手，使我們位居高處，所以你們的高度是不可能趕得上我們的。同時我們還會設置機關，利用機械力量發射的弩車，向你們發射密集的箭，這樣你們的築土進攻便會失敗。」

公輸盤看到如此的情勢，思慮了一番，又說：「宋國有些城池，在河川的下游，那我們就在城外破壞河堤，使河水流進宋國城內，讓大水淹城，我軍不費吹灰之力便可使你們投降。」

墨子一聽，遊刃有餘地回答：「凡是離河較近的城，我們都會利用城內外的環道疏通流水，水進之後，我們還是能夠疏通河水，使水排放到地下去，另外我們在井上設有觀測的刻度，當城外的水上升超過了安全範圍的程度時，我們在城內就會開渠排水，你們的水攻也無法淹城，因為我們事先就會做好防範的對策。」

公輸盤見水攻不成，當機立斷又提出另一個攻城的辦法：「我們會從城外的樹林裡開始挖地道，一路挖到你們的城內，然後神不知鬼不覺的裡應外合，來個攻其不備，輕易地攻破你們的城！」公輸盤得意地看了楚王一眼。

墨子又笑了笑說：「我告訴您，你們什麼時候開始挖地道，我們就能什麼時候偵測得到，我們可以在城牆的旁邊挖井，讓

聽力非常好的士兵們利用牛皮綁的瓦罐子，到井裡的水中探聽，如此便可知道你們所挖地道的方位，然後我們也會來挖地道，或者挖得比你們深，或者比你們淺，然後用瓦所作成的管子，把我們特製的毒氣通向你們的地道裡面，這樣一來，你們的人還沒進到城裡就被地道裡的毒氣薰死，根本進不來，所以挖地道這方法也是無法破城的！」

公輸盤見此次的挖地道攻法不成，又再度另起計謀，而墨子又用錦囊妙計來破，就這樣一來一往，總共對峙了九回合。但不論公輸盤如何攻，墨子都有一套防守的方法，可說是計無遺策啊！

這也讓一旁觀戰的楚王漸漸地開始懷疑是否真有辦法把宋國拿下？

眼看自己的攻法似乎一一用盡，墨子防守的方法好像還是無窮無盡，瞬時間，公輸盤露出一道詭譎的笑容，而墨翟也跟著笑了，只有楚王在一旁看得莫名其妙。於是楚王開口問：「二位先生為何而笑呢？」

墨子說道：「公輸先生的最後一招我已經知道了。他以為只要把我給殺了，你們就可以把宋國拿下，但事實上，並不是這麼簡單，因為我的弟子禽滑釐已經學會我整套的防城戰法，並帶領著其他弟子三百人在宋國的城牆上等著你們楚國的大軍了！」

聽到這裡，楚王終於打消了攻打宋國的念頭。

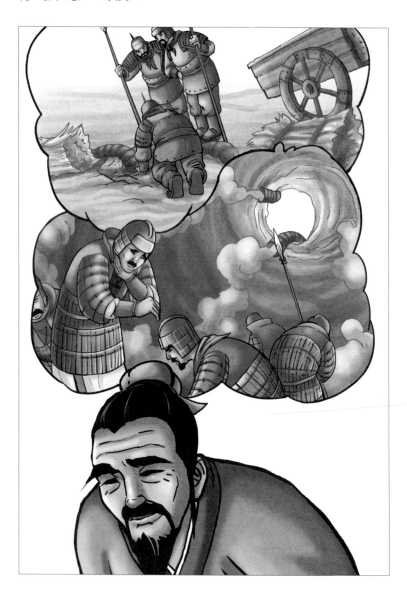

孫武

孫武，字長卿，軍事家，春秋時人，齊國田完的後代，生年大約在西元前 540 年左右。從小生長於齊國，長大後前往吳國，曾在吳都郊外隱居數年，潛心研究戰史與兵法，他歸納出春秋以來戰爭的經驗與規律，創立了傑出的《孫子》軍事學說。《史記・孫子吳起列傳》記載吳王闔閭對孫武說：「子之十三篇，吾盡觀之矣。」可見活動時期與吳王闔閭同時。

《孫子兵法》一書主張：以「奇正」的戰法發揮靈活多變、出奇制勝的指揮能力，使軍事力量表現為有利的實戰態勢，積極掌握行動節奏，利用「避實而擊虛」、「因敵而制勝」等等重要的軍事原則，並經由政治、外交等手段的配合運作，才能達到「不戰而屈人之兵」的全勝理論。

銀雀山竹書《孫子兵法》是到今天為止，最早的傳世本，可惜是殘簡，不能窺其全貌。現存的重要版本有南宋寧宗時所刻《十一家註孫子》三卷足本，宋刊《武經七書》本；另有西夏文本以及其他明、清以來各家註本五十餘種。在外文翻譯方面，現有英文、日文、德文、法文、俄文等譯本流傳，可見孫子兵法影響力之廣大。

公輸盤

公輸盤在許多古書上的記載，都作公輸般。《呂氏春秋》高誘注指出：「公輸，魯般之號，在楚為楚王設攻宋之具。」魯般是春秋末期

著名的工匠，被後世尊為中國工匠的祖師。他是魯國人，大約生於周敬王十三年（西元前 507 年）。《墨子·魯問》篇記載：公輸子用竹木製作一隻鵲鳥，可以在空中飄飛，三天都不會落下，可見他的工藝精巧。

第四章

墨子論鬼神與效益主義

　　墨子在楚國阻止了一場戰爭之後，放下了心頭的一塊大石頭，於是他離開楚國前往宋國與他的弟子們會合。當他一路走到楚國與宋國的邊界時，忽然下了一場傾盆大雨，他趕忙的進入宋國邊城「儀臺」地界，在儀臺的郊外農莊裡，有著一些守衛農莊的人站在入口處，墨子想要進去躲雨，但因守門的人不認識墨子，再加上他們接獲楚國要發動大軍攻打宋國的消息，所以門禁特別森嚴，墨子不得其門而入，只好冒雨繼續往前走。一直走到了睢陽，才和他的弟子禽滑釐以及各地召來的墨家弟子見面。弟子們看到老師平安的離開楚國，心中都非常高興，於是他們隨著墨子準備回到魯國。因為難得有如此眾多的弟子跟隨墨子，所以在路途中，墨子也把握機會跟弟子們談論了許多關於墨家的理想、實踐的方法，以及如何把兼愛、非攻的思想傳播到普天之下，在各國發揮影響力。

　　在回魯國的路途中，坐在牛車上的弟子，不時的討論最近所耳聞的事情，其中公尚過問縣子碩：「有人說我們墨家認為有鬼的存在，請問師兄您的看法是什麼呢？」

　　縣子碩說：「我聽說儒家認為世界上沒有鬼神，特別是上次遇到的公孟子……。」

　　墨子無意間聽到了他們的對話，便轉過頭對他們說：「儒家主張沒有鬼，但是卻特別強調祭祀禮儀的重要。一方面認為沒有鬼，一方面卻強調祭祀鬼神的重要，這就好像是沒有客人，而在學習接待客人的禮儀；就好像在一條河上捕魚，明明別人

已經告知你這條河裡沒有魚，你卻還在做漁網，那是自相矛盾的。」

而公尚過繼續問墨子：「老師，如果您因為阻止楚國攻打宋國，而得罪了楚王，遭到殺害，弟子們要如何是好呢？」

墨子從容不迫的說：「即使我會被殺，我也會做這件事情，因為這是天意，我們必須按照符合正義的方式來做。況且，就算是我死了，我也不是完全消失無蹤啊！」

公尚過接著問：「您的意思是，您會變成鬼神嘍？」

墨子說：「是的。」

縣子碩接著問：「請問老師，鬼神是否都是人死後變的呢？」

墨子搖搖頭回答：「鬼神有三種，一種是天鬼，二是山川之鬼，第三種才是人死為鬼。」

公尚過繼續提出他的疑問：「那麼鬼神難道真的比人要聰明嗎？鬼神祂們到底有什麼樣的能力呢？」

墨子回答：「鬼神相當於擁有聖人的才智，而我們平凡的人類站在鬼神面前，充其量不過就是聾子瞎子罷了，祂們擁有的能力是遠超過我們人類所擁有的，當然祂們的聰明才智也是我們望塵莫及的。而這些鬼神就是要執行天的意志，也就是執行賞罰，讓天下人有一個公平正義的裁決。」

這時，一旁的彭輕生子也提出了他的問題：「我們怎麼能夠知道確實有鬼神的存在呢？」

墨子說：「我們如果要知道這個世間是否有鬼神的存在，就

必須要用我們的眼睛去看，用耳朵去聽，如果聽到了看到了，那就可以肯定鬼神是存在的。從古至今，從有人類開始，是否有人看見過鬼神，聽見過鬼神呢？如果有，當然代表鬼神存在，如果沒有，則代表祂們不存在。」

「我們要如何才能夠告訴別人，有一種執行天意賞罰的鬼神存在呢？」彭輕生子又問。

而墨子回答：「我們可以從古代的先王之書裡面看到，裡面有君臣之間不公義的事情，有臣子與臣子之間不公義的事情，也有人對於天不恭敬的事情，而書本裡都有記載，凡是多行不義之人，必然會遭受到天的懲罰。」

公尚過問：「那也有獎賞的嗎？」

墨子說：「當然也有。」

彭輕生子興致勃勃的想請老師舉出一些例子給他們聽聽，於是墨子停下腳步讓弟子們在樹林間坐下休息，並且開始講述一些歷史上有關鬼神的記載，他說：「我先告訴你們歷史上國君對於臣子不公義的例子。很久以前，周宣王殺了他的大臣杜伯，但杜伯是一個無辜之人，所以杜伯臨死之前曾對周宣王說：『天子殺我，但是我是無辜的，若我死後毫無知覺那也就罷了，但倘若我死後仍有知覺，不出三年，我一定要讓你知道我是無辜的。』」

「時光飛逝，到了第三年，周宣王會合諸侯在圃田打獵，車子有幾百輛，隨從的人也多達數千人，人車遍布整個田野。

就在正午時分，突然，杜伯駕著白馬素車，穿著紅色的衣服，戴著紅色的帽子，手裡拿著紅色的弓，搭著紅色的箭，追上了宣王，一箭射進他的心臟，刺穿了他的脊椎骨，周宣王倒在車中，伏在弓袋上死去。而這件事情被當時所有跟隨在後的周人看見且聽見了，無人不知，無人不曉，並且被記載在周的春秋史書上面，變成為人君者拿來教訓臣子的題材，也變成為人父者教訓兒子的最好警惕。」

「不僅如此，從前燕簡公殺了他的臣子莊子儀，但莊子儀也是無辜無罪的，在死前莊子儀說：『吾君殺我而我無辜，我若死後無知則罷了，倘若死後有知，不出三年，我一定讓你知道我是無辜的。』」

「一年之後，燕人前往祖澤的地方要舉行大祭，燕國的祖澤就像是齊國的社、宋國的桑林、楚國的雲夢一樣，就是全國人民百姓集合的大場所，乃祀神之地。當天到了日正當中，燕簡公剛要前往祖澤的途中，莊子儀突然出現，雙手舉起一根紅色的大棒鎚，對準了燕簡公當頭就打下去，狠狠地把燕簡公打死在車中，而這件事情被跟隨在左右的侍衛看見，遠處的隨從也都聽見，並且記載於燕國的春秋史書之中，諸侯也把這事例拿來借鏡。所以說，有關於鬼神的事蹟，在古代都有很多相關的記載。」

聽完這些事例後，彭輕生子好奇的又問：「先生剛才還提到有臣子與臣子之間行不公義之事，也會受到懲罰，那這又是怎

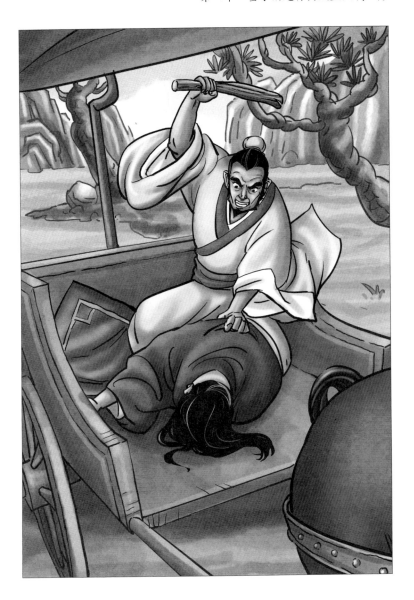

麼一回事呢？」

　　墨子回答：「從前齊莊公有兩位臣子，一個是王里國，一個叫做中里徼，這兩個人打了三年的官司，在他們的訴訟還未查明真相時，齊君感到很厭煩，便想將兩人一起殺掉。但是他轉念又想，可能會把其中一個無辜的人也一起殺掉，實在不妥；但若把兩人一起釋放，又會擔心有罪的人沒有受到應得的懲罰。於是他命令兩人牽著一頭羊，到神廟裡頭去面對神明發誓。到達神廟之後，兩人便在神像前的地上挖了一個小坑洞，宰殺了那頭帶去的羊，然後把血灑入坑洞中。當王里國讀完他的誓詞後，並沒有任何動靜；沒想到中里徼才剛開始讀他的誓詞，那隻死羊就突然活過來而且猛然跳起來，把中里徼的腳給頂斷了，這時廟裡的廟祝也像有神靈附身一般，拿了一根棒子出現，重重地往中里徼頭上一敲，結果中里徼便死在他發誓的地方。這時，四周所有在場的人都看到了所發生的一切，而這事也被記載在齊國的春秋史書之中，諸侯之間也流傳著：要是發誓時不誠實，那麼鬼神懲罰是如此的快速且悽慘啊。」

　　「所以從這些書中的記載可以證明，鬼神是存在且沒有什麼好懷疑的。」

　　正當墨子和弟子們熱烈地探討鬼神之事時，緩緩地，樹林的葉隙間透出淡淡的霧氣，漸漸遍布樹林。

　　公尚過說：「那麼人對至高的天，又該抱持怎樣的態度？又有什麼樣的事例可供我們學習呢？」

　　而墨子看了看四周，遲疑了一會兒，有點不安地說：「有的。在宋文君小的時候有一個臣子，名叫祧觀辜，他是掌理祭祀的，有一次他到神廟裡，神廟裡的廟祝突然被一位鬼神附身，拿著一根木杖走出來，對著祧觀辜說：『觀辜，為什麼祭祀的碧玉都不符合禮制的規格，祭祀的酒菜肉飯都不潔淨？還有那些拿來當成祭物的牛羊，毛色不純，也不肥美，而且祭祀的時間也全都亂了時節！這些事情是你做的呢？還是宋文君做的呢？』

　　祧觀辜說：『宋文君還只是個在襁褓之中的嬰兒，這些事情他怎麼會知道呢？這些事情都是我觀辜所做的。』沒想到，那位被鬼神所附身的廟祝，聽到這樣的話，馬上把手上的木杖往祧觀辜的頭上敲下去，一棒就把他打死在神壇上。許許多多的宋國人都親眼目睹親耳聽聞了這件事情，這件事情也被記載在宋國的國史上面，而諸侯之間也流傳著：對於祭祀不恭敬，會招來鬼神如此慘重的懲罰。所以從史書上我們也可以瞭解鬼神是存在的，沒什麼好懷疑的。」

　　此時，縣子碩又問：「老師剛剛舉的例子全都是鬼神對於人的處罰，有沒有獎賞的例子呢？」

　　墨子聽完問題後，眼神仍停留在縣子碩身上，但腦子裡卻用力的在尋找適合的例子。不知道是太認真於思考，還是樹林裡的霧氣太濃，縣子碩的輪廓似乎不像之前那麼明顯。墨子理清了思緒，眨了眨眼睛，便說：「有的。從前某一天的中午，秦穆公在廟裡看見一位神人，從門外進入廟裡，進了廟後便往左

邊走，這位神人的身體看起來像是鳥類的身體，穿著一件素色並且鑲著黑邊的衣服，祂的臉型是正方形，秦穆公看見後，嚇了一大跳，便拼命往外奔逃。

結果那神人用十分低沉而洪亮的聲音說：『你不要害怕，上蒼看到你是一位有德的國君，所以多賜陽壽十九年給你，使你的國運昌隆，子孫茂盛，國家越來越強大。』秦穆公顫抖地聽完後，趕緊跪下叩首，並且輕聲詢問：『請問尊神大名？』那位神人回答道：『我就是句芒，乃春天之神。』你們看，若秦穆公親身看到了春神，那麼我們又怎麼去懷疑鬼神的存在呢？所以鬼神確實存在並且祂們可以幫助『天』來獎懲人間的是非善惡。」

墨子講了這麼多有關於鬼神的記載，弟子們每個都聽得渾然忘我，十分入神。就在這時，朦朧的霧氣已籠罩整個山頭，林野間的鳥群察覺天色的變異，紛紛離巢，另尋安棲之處。這不尋常的天候狀況，彷彿暗示著有什麼事情即將要發生。

╳　╳　╳　╳　╳　╳　╳　╳　╳　╳　╳

話說，在西元 2020 年代有一群科學家，他們發明了一種機器，叫時光穿梭機，它可以把古代的人分離成光分子後，移轉到未來的時空當中。因此有一群哲學家想借用這群科學家所發明的時光穿梭機，把墨子請到二十一世紀來。

為何要請墨子呢？

　　這群哲學家經過多次慎重的開會討論，選出了包含墨子的幾位具有代表性的哲學家。因為到了二十一世紀的二〇年代，各國間文化的交流、地球村的整合是一個非常重要的議題，所以他們在各個不同的大文化裡面要找一些代表性的哲學家、思想家，希望來聽聽他們原初、原創性的思想內容是什麼。

　　由於東方墨家的思想與西方基督教的宗教思想十分相似，他們為了要融合世界上各種重要的文化，於是經過多番挑選，決定要請墨子到二十一世紀來。

　　但是他們又怕把古人請到現代，會讓他們驚嚇到什麼話都說不出來，因此他們就先在歷史中搜索合宜的時空，並且將場地布置成和當時墨子與弟子們所在的場景十分相似。但這機器有它的能力限度，它把人變成光分子轉移時空的時間是有限的，所以這群人就必須要把握時機。

　　啟動了機器後……森林中的霧越來越大……

　　時空再度回到那片墨子與弟子所處的樹林裡。

　　有一個叫曹公子的弟子問墨子說：「我們現在這個時代充滿了戰亂，老師能不能指教我們戰亂的原因是什麼呢？」

　　「我以前就跟你們講過了，天下的這種混亂，有許多的原因，其中就包含著：人們不相信有鬼神，不相信鬼神能替天賞賢罰暴，不相信天會有公義的審判；人人都有自己的一套想法，所以每個人的意見不同，老是互相爭鬥；再者就是沒有任用賢能的人來統治、管理社會國家，使惡人當道、暴王主政；而其

中最重要的一個原因就是人人都自私自利，只愛自己而不愛別人、愛自己的國家而不愛別人的國家，所以就天下大亂了。這也就是為什麼我們墨家要提倡兼愛的理由！」

曹公子又繼續問：「為什麼人人會自愛？是不是人的本性就是自私的，就是愛自己的？」

墨子回答：「在人的本能上，是先滿足自己的需要，但人也有一種本性可以愛他人就像愛自己一樣，好比鄰家失火，你一定會傾力相救，不會眼睜睜看著火把鄰家房子燒掉，再延燒到自己的房子；並且這種愛別人就好像愛自己，要以自愛利己的經驗與智慧，來作為一種行事為人的標準。當你幫助別人之後，是不是會感到快樂？這種快樂和做其他事情，像吃飽喝足所得到的快樂是不同的，所以我們的經驗告訴自己，只有幫助他人，才會得到這種快樂，因此，我們便會去幫助別人。」

曹公子就繼續問：「老師您說的本能與本性有什麼不同呢？」

「本能是指生理、心理上的反應，如同餓要吃、渴要喝。我們也喜歡別人給我們肯定與稱讚，就像是小孩子會聽從父母的話，是因為他們被讚許過，所以本能就會驅使他們繼續進行這樣的行為。本性則是一種道德上的正義感，可以感通天志，也可以感通別人的需要。這種天性就是人性！」

曹公子再繼續問道：「那我們的本能與本性有什麼關係呢？」

就在這個時候，突然雲霧已經濃到伸手不見五指。

當墨子驚覺到為何霧會如此大時，他就想到剛剛所提到鬼

神的神祕經驗，他一輩子服膺天志，問心無愧，所以也就不以為意，繼續回答他弟子的問題：「本能，是一種形體上的需要，我們人就是形體與智力的一種結合；本性是一種智力上的認知與判斷。人在成長過程中，早期、年輕時往往以本能的需要、需求來作為他行為的根據，可是當人的生命不斷成長之後，他的智力增進，他的德性提升，那麼他具正義感的本性就會慢慢成為他行為的一種根據。這是上天賦予我們人的一種能力。」

回答完這個問題的時候，墨子感覺到他已經不在原本的森林中，弟子們也隱約地在霧氣中消失了。忽然間，他聽到一種從未聽過的聲音對他提出問題，而問題內容是，「墨翟，我們很歡迎你來到天界，因為你推行的兼愛、非攻思想是符合天志的，所以我們天界的神靈有一些問題想要問你，想要瞭解你的想法。」二十一世紀的哲學家們設想墨子所能理解的方式，而自喻為天界的神靈。

墨子對著空氣中大聲地問：「你們是誰？」

剛剛發聲的人是二十一世紀的倫理學專家，透過科學家們的協助，經過語言轉換器與墨子溝通，他說：「我姓米，單名一個爾字。剛才我聽你說本能跟本性不同，所以我想你肯定人在本能上、心理上是自私自利、是利己的，只是在道德本性上是利他的囉？這樣說對嗎？」

墨子雖然十分驚訝，但並不惶恐，心想：「既然有幸能進到天界……好吧！那麼就直接把我的想法告訴祂。」於是墨子虔誠

地跪下說：「如果我們把利己、利他，對自己好、對別人好就這樣簡單分成兩部分是不太恰當的。譬如說子女出門在外把自己身體照顧好，其實就是一種孝順的表現；或者父母在外工作，必須吃得飽、穿得暖、不生病，他們才有能力賺錢養家；又好像幫助鄰居救火不也避免了自家遭受祝融之災？所以對自己好的同時也是對別人好啊！」

米爾就問：「墨翟你的說法，依照人的本性，促進我們自己利益的最好方法就是不要促進我們的利益嗎？」

「我不懂你說的是什麼意思。」墨子說。

米爾開始解釋：「依剛才的說法，人有本性也有本能。我們應該做的跟自己心理上本能的反應是不一樣的。所以我們要能夠依照本性來增加我們自身的利益，它們的方法就是對本能上的需要加以節制，是不是這樣呢？」

墨子的回答說：「當你幫助別人你也就會獲得別人的幫助，於是你也會獲得自身的利益啊！」

米爾又問：「那如果我幫助別人，別人他不肯幫助我，那我又要怎麼辦呢？」

墨子說：「在個別的情況中，可能會有你說的這些情形發生；就是你對別人好，別人不見得會對你好。但是從整個『興天下之利』的社會風氣改善來說，我們還是必須先愛別人、先幫助別人，就算別人不回應，但是你的行為卻能影響周遭的人，能夠改善自私自利的社會風氣。這是上天要我們做的，更何況這

種情況只是少數的，大部分的人都是你對他好，他也會對你好，就好像《詩經·大雅》上所說的：『投之以桃，報之以李。』你給別人一顆桃子別人就會回饋你一顆李子，你對別人好，別人就會願意幫助你。」

米爾說：「從墨先生的主張來談，你們認為人與人之間應該互相幫助對嗎？耳聰目明的人要幫助那些看不見、耳聾的人；四肢健全的人要幫助弱小無力的人，有知識的人要能夠去教導別人；鰥、寡、孤、獨這些老而無妻、老而無夫或者是孤兒寡女，無依無靠的，我們都要去幫助他們，讓他們能有所依靠、有所成長。這些就是你說的兼愛對嗎？」

墨子說：「是的，這些就是我的主張。你們是從哪聽來的？是我的弟子告訴你們的嗎？」

米爾說：「是的！你們的主張，已經影響到很多的國家，天界的神明也十分注意。」

「但是我們有問題想要請問，你們這些愛人若己、兼愛的主張是不是一種『效益主義』呢？」

墨子問：「什麼是『效益主義』呢？」

米爾回答：「所謂的『效益主義』，就是我們在做某些行為的時候，依產生的結果來決定我們行為的正當性。譬如，你為了拯救被強盜挾持的一群婦人，而把強盜殺了，這時你可能心裡會質疑『殺人』這件事情的正當性，但是你不殺強盜，那些無辜的婦人就很可能會遇害，在比較這兩種結果的情形下，你

便肯定了『殺人』這個行為的正當性。在道德上一個正確、對的行為就是在所有可能的作法當中，它的結果能產生最大的善或最小的惡，就好像為了拯救那群婦人而殺死了強盜，就是最小的惡。而這種行為就是正確的；而所謂錯誤的，就是結果不能產生最大的善或最小的惡的行為。」

墨子就再問說：「請問什麼是善？」

米爾就說：「能夠帶給人們快樂的事情就是善。所謂的『效益』即『最大幸福原則』，也就是人所作的某些行為能夠給最大多數的人最大的幸福。」

墨子又問：「什麼是最大幸福呢？」

米爾回答說：「就是每一個人自身所獲得的利益加在一起，總和了就是一種公眾的利益，而最大公眾的利益就是最大的幸福。並且在道德的考慮上每一個人、每一個體都是平等的，所以我們要追求最大多數人的最大幸福，就是每一個人幸福的加總，『最大的幸福』就是效益主義的目標。」

墨子搖搖頭說：「首先，我們墨家在考慮什麼樣的行為是道德的時候，不見得會把每一個人在數量上的意義認為是平等的，例如古時候的夏禹，為了防治水患，三過其家門而不入，像這種為了人民的利益而犧牲、奉獻的精神，對社會貢獻是很大的，所以我們必須要特別的去保護、協助這樣的人，而不是視每一個人為同等的量。另外，我們在從事某一行為時，要以是否符合天志，來作為我們衡量行為是否正確的標準。也就是說正確

的行為必須根據天志，錯誤的行為則否。因此，我們墨家的兼愛思想跟效益主義是不同的。」

米爾又問：「那麼你們墨家兼愛的思想可以說是『義務論』嗎？」

「『義務論』？什麼是『義務論』呢？」墨子問。

「所謂的『義務論』，就是一個行為它的道德價值不是在行為的目的，跟效益主義不一樣，而是在於決定行為的準則。人要做道德行為，必須根據道德的要求去選擇，而這道德要求，就你們墨家來講就是天志。也就是你們不看結果，是看至高無上的天志給你們的命令，那請問你們是不是這樣的一種思想？」

墨子回答：「你的意思是，人的道德行為要從動機上，出於遵守道德律則上來判斷是嗎？我們當然要以天志為標準，不過我們也很看重行為的結果，我們不是只從動機上來說一個行為是不是道德，例如我們墨家的思考根據在於：本之者、原之者、用之者的『三表法』，其中的『用之者』，就是『發以為刑政』，觀察其思想言論所制訂的政策，能否符合百姓人民之大利，強調這種效果的重要性。所以我並不能認同你們說我們的兼愛思想是所謂的『義務論』。」

「那你們墨家的思想可不可以歸納成一種『規則效益主義』呢？」米爾說。

「什麼又是『規則效益主義』呢？」墨子問。

米爾回答：「所謂的『規則效益主義』，就不是指個別具體

的行為所導致的結果，看這結果是不是有效益、是不是能得到最大的幸福，而是指每一個人都從事這種行為，看它善惡的結果是怎麼樣，也就是決定一個行為的對錯標準，並不是計算每一個單一行為的效益，而是計算每一類行為是否能夠符合效益的原則，能夠爭取到最大的幸福，這就是『統稱的行為』。」

「從我們的思想來看，似乎跟你說的『規則效益主義』是相類似的，原因是剛才我提到的，我們墨家的行為要依天志來做。依照天志做我們就可以造福個人或是社會，而從天志來的道德原則就是『興天下之利』，我們所做的事，只要是能興天下之利，就是正確的。從幾方面來看，譬如說，『天下有義則生，無義則死；有義則富，無義則貧；有義則治，無義則亂』，所以我們依天意來做，『天欲其生而惡其死，欲其富而惡其貧，欲其治而惡其亂，此我所以知天欲義而惡不義也』，亦即依天意來做，就會生不會死、能夠富就不會貧、能夠治就不會亂，這樣當然就是天下之大利，依天志來做，符合興天下之利的原則，就是我們行為的標準。這樣看來跟你們的『規則效益主義』蠻相似的。」墨子說。

米爾最後很高興的說：「那我知道了，原來你們墨家就是規則效益主義。很開心能知道你們最原本的思想。」

然此時墨子又有一些不以為然的表情，他想一想又說：「如果按照你們的『規則效益主義』來看，你們可能忽略了我們所提的『義』。」

「什麼是『義』呢?」米爾不解的問。

「『義』，即我們要立志以興天下利的事作為我們自己的本分，我們相信人人都有能力，也能夠去做、去實踐，卻不一定要出來當官，或是為國君所用，這就是『義』。因此，我們墨家不只強調在效果上要能利於天下人，我們也非常強調心志的重要、立志的重要。有了心志加上結果、加上過程中的努力，就算在結果上，我們現在還不能達到兼愛的最終理想，但是依循著自己的心志繼續的努力下去，所做的每一件事仍然是有價值的。」

由於時空轉移是有時限的，時空穿梭機此時必須將墨子轉移回原來的時空中。墨子正想探詢天機的種種，不意一身酥麻，昏了過去……

禽滑釐輕輕拍了拍老師的肩膀，說:「您還好嗎? 怎麼說著說著半晌無語?」墨子心想「天界神靈的力量實在難以言喻。」他吃力地抬起手說:「我可能太累了! 我們找處地方休息吧!」此時，林間的霧氣漸漸散去。

第五章

與公孫龍、荀子談正名

話說墨子在之前的經歷後，覺得身體有些不舒服，於是就讓弟子們帶他找個地方休息一下。但在荒郊野外卻找不到任何一個村莊可供休息，於是弟子們四處打探，終於發現了一個山洞，禽滑釐便攙扶著墨子到山洞裡休息。其他的弟子們在洞口外席地而坐，等候差遣。山洞的入口並不大，但進去之後才發現裡頭別有洞天。等他們兩個適應了裡面的光線後，發現到洞壁、洞頂有許多鐘乳石，兩人沿途藉著火把的亮光驚訝地看著，此時墨子的身體略感舒坦，兩個人越走越深，慢慢的還聽見了流水聲，原來這是一處洞裡溪。在山洞裡面有一條河流穿過，墨子和禽滑釐就順著水流的聲音往更深的山洞走去。墨子與禽滑釐心中都想著：「不曉得天下至寶在哪裡？會不會就在這奇特的山洞中？」

走了許久，遠遠的看到一點光線，才知道原來這山洞有另外一個出口。沿著洞裡的溪流往前走，溪流的兩旁有著奇形怪狀的岩石，循著一絲絲的光線前進，那光線越來越強、越來越亮眼，並且還聽到有人交談的聲音。持續往前走，便可完全確定有兩個人正在洞口外交談。在距離出口不遠的地方，禽滑釐先停下了腳步，示意老師先停下來聽聽外邊的動靜，等眼睛適應外面的光線後，再觀察一下外面的情形。

一個比較年輕的聲音說道：「我平常聽很多人都說先生是很有學問的，因此我很早以前就想拜在先生的門下。只有一點，希望先生不要再提『白馬非馬』這樣的說法，如果您能夠不再

講『白馬非馬』的這些歪理，那麼我就願意拜您為師，成為您的弟子。」

另一個年長者的聲音說：「我公孫龍之所以能夠享有今天的名聲，就是靠著『白馬非馬』的這套道理啊！如果現在你要我不教這套理論，我就沒有什麼好教給你的。而且你不是想拜我為師嗎？如果你想拜我為師，那就表示你的知識、學養是不如我的。既然你現在要拜我為師，又先來教我怎樣當老師，如此一來，倒是你先教我再拜我為師，這樣不是自相矛盾嗎？況且『白馬非馬』還是你的祖先孔丘仲尼他所採取的主張。」

「是嗎？我的祖先仲尼曾經採取『白馬非馬』這樣的道理嗎？」

公孫龍說：「我曾經聽說楚王他在雲夢大澤打獵時，帶著他的繁若之弓、忘歸之箭在森林獵場中射蛟龍、網犀牛，在奔獵的過程中不小心把他所愛的弓給丟掉了、箭給遺失了。他的左右、臣僕到處尋找都找不著；楚王皺了皺眉頭說：『不了，不用去找了，我們楚國人遺失的弓，由楚人撿到，那就算了吧！』但你的先人仲尼聽到了此事卻說：『楚王的仁義還不夠水準啊！就直接說人掉的弓，人撿到不就好了。何必把範圍侷限在楚人呢？』如果是這樣，孔老夫子都認為楚人不等同於人，也就是楚人非人！你若肯定你先祖的看法，卻否定我說的『白馬非馬』，這不是自相矛盾嗎？如果你自命為一位修儒術的人，卻反對你先人仲尼的看法，而你要跟我學，卻叫我不要教『白馬非馬』，就算

是有一百個公孫龍，也不能當你的老師啊！」年輕人聽了公孫龍的話之後，就默然不語的走了。

接著，墨子和禽滑釐就從洞口走出。公孫龍大叫一聲：「來者何人？」

墨子說：「墨翟是也。」

公孫龍說：「唷，是嗎？您與我所仰慕的一位前代學者同名同姓。」公孫龍心想：「若是墨翟還能活在人世，那就好了。」

墨翟若有所思地說：「剛才我聽到了你和那位年輕人的對話。」

公孫龍說：「喔，那個人，名叫孔穿，是孔子的第六代子孫。他想拜我為師，卻限定我得教什麼，於是讓我將他給訓了一頓。」

墨子心中有點納悶：「孔子的第六代孫？眼前這個人認得我，而我卻不認得他，莫非……」但墨子更關心剛才聽到的對話，於是也不打算深究，於是說：「我方才聽得很清楚了。我覺得你把墨家的『辟、侔、援、推』的『推』：『以其所不取之，同於其所取者，予之也』，這一種的推論方法，運用得十分精妙。」

公孫龍說：「哪裡、哪裡，還望前輩指教啊！」公孫龍心想：「來者不善，他怎知道我用的推論方法？我用孔穿所不取的『白馬非馬』同於孔丘所取的『楚人非人』，他都聽得出來，可見眼前這位好像還有點學問。」

墨翟又說：「你為什麼如此堅持白馬非馬呢？白馬是馬，乘白馬就是乘馬，難道還會是騎牛嗎？」

公孫龍說：「墨老先生，我所說的白馬非馬主要強調的是，『白馬』這個名和『馬』這個名所指的對象是不同的。『白』它是指顏色，『馬』它是指馬的形狀。命『色』和命『形』這兩個白與馬所加起來的這個名——『白馬』，與單命『形』的『馬』這個名，這兩個概念是不同的。」

墨翟說：「當然，當然，名以舉實嘛。名稱就是要用來表達實體的，不同的對象就會使名不相同。但你能說有了顏色的馬就不是馬嗎？難道天下會有一種沒有顏色的馬嗎？」

公孫龍說：「如果您到馬廄請馬夫幫您牽一匹馬，那他牽的是黃馬、黑馬都能符合您的要求。但如果您請他牽一匹白馬，那麼他再牽黃馬或黑馬來，就不能符合你的要求。假使白馬和馬是完全等同的，那為什麼第一次跟第二次他牽的是同樣的黃馬或黑馬，但第一次能符合要求而第二次卻不能。由此看來，求馬跟求白馬是不一樣的！」

墨子說：「不錯！你說的是很有道理。但你別忘記了，白馬是馬，是我們約定俗成的一種講法。如果有人說你公孫龍不是人，你能接受這個說法嗎？」

公孫龍說：「您說我不是人？從我個別的這個人和普遍的人概念來看，確實是不相同的，但是在我們一般的說法裡面，這樣子講未免有點看不起人吧。」

墨子說：「這就對了。所以當我說公孫龍不是人，你無法接受；當你說白馬不是馬，一般人也無法接受。」公孫龍說：「我

並不在意一般人接受不接受我的講法。我所關心的是在治理國家的法令條文，國君用語必須『審其名實，慎其所謂』，只有一名一實，名符其實，才能避免君、臣、民之間，溝通上的混亂。」

「嗯，你說的也不無道理。這裡是什麼地方呢？為什麼我們經過有溪流的山洞，出來後就像是在另一個世界呢？」墨子問。

公孫龍說：「這裡是在趙國境內，正好我今天到此處遊歷，沒想到會碰到你們兩位，這是我們的緣份吧！」墨子心中納悶，從未聽過天下有一趙國，心想大概是茸蘿小國，無名之地。禽滑釐陪伴在墨子身邊和公孫龍往山邊的小路走去。

路途中，他們看見一塊外型奇特的石頭，公孫龍看到這塊石頭就說：「堅白石就在我們眼前。墨老先生，請您說說看，這『堅白石』，您是把握到了、認識到了這塊石頭的哪些部分呢？」

墨子說：「第一個，就是堅，第二個，就是白，第三個，就是石。」

公孫龍搖搖頭說：「不對不對，我只認識到兩個，第一個是堅石、第二個是白石。」

禽滑釐不明白地問：「明明就是堅、白、石三者，為什麼您說您只認識到堅石和白石呢？」

公孫龍說：「我用我的眼睛去看，我能認識到的就是白色的石頭，我用我的手去摸，所能摸到的就是堅硬的石頭。所以我認識到的這塊石頭只有兩個性質，一個就是堅石，一個就是白石。」

墨子說：「你的認識實在是只有片面性，而沒有整合性。」

公孫龍說：「這怎麼說呢?」

墨子說：「你看到了白色，你摸到了堅硬。這兩個性質，都同在這一塊石頭上，而這白色和堅硬呢，是彼此包含的，完全都在這塊石頭上，怎會因為你的視覺和觸覺而把這些性質分離了呢?」

公孫龍說：「這您就不曉得啦! 請您聽聽我的說法。我認為有一種白是普遍的白，有一種堅是一種普遍的堅。普遍的白不只是在石頭上，它可以是白雪的白、白花的白、白馬的白，它可以是許許多多事物的白，而這種白是藏起來我們看不到的，它不固定在特定的事物上，所以我說用我們的眼睛看不到這種白，堅也是如此，用手摸不到這種堅。因此我認為我們對於事物的真正認識，能力是有限的。所謂『物莫非指，而指非指』。」

禽滑釐問：「請問公孫先生，您說的這句話是什麼意思呢?」

公孫龍說：「簡單的說，所有的事物都是要靠我們的認識能力，如: 視覺或是觸覺去指認，但是我們所能指認出來、認識到的結果，卻不是它原本真實的狀態，所以我說『物莫非指，而指非指』。也就是我們對於事物的掌握都只是片面的，無法認識到事物的全面性。」

墨子說：「就算我們沒有辦法有全面性的認識，像是我們在秋天談論春天的事情; 我們說一個臣子他已經逃走了，或者說我們曾經有過的金銀財寶已經遺失了……這些東西我們的確是

不能夠再把它指出來，卻不妨礙我們知道這些事情、這些事物啊！因此你說『物莫非指，而指非指』是不對的。為什麼你會有這樣的想法呢？」

公孫龍說：「我曾經聽說過，惠施和莊子他們在辯論魚是否快樂這件事，惠施認為我們人沒有辦法認識到魚的真實感受是什麼，所以我從他的看法就進一步思考，認為有認識能力的人（惠施），沒有辦法完全認識被認識的對象（魚），於是我就發現『而指非指』，並且有些辯者他們也提到『指不至，至不絕』這樣的論點。」

禽滑釐問：「什麼叫做『指不至，至不絕』呢？」

公孫龍說：「就像剛才墨老先生所說的，『指不至』就是我們在指認某一個事物的時候，並不能夠完全的把它指認出來，比如說遺失掉的事物、遺失掉的金銀財寶，已經過去的一些人、事、物，我們沒有辦法把它指出來，或者是我們站在洞口往洞裡面指，要說洞裡面有河流、鐘乳石、蝙蝠，有怎樣的地形，不管我們怎麼指都無法完全的表達出來，這就是『指不至』。」

「為什麼『至不絕』呢？因為當我開始向你們解釋時，我要嘗試把我所認識到的盡可能的表達出來，因此我會有更多的說明、更多的指認、更多的指涉，因此辯者們說『指不至，至不絕』，這跟我所說的『物莫非指』的意思是很接近的。所有的事物都要透過指涉的作用才能夠把它呈現出來，這是我們人類認知的一種方式。然而我們所認識到的事物往往是有限的，並

不能夠把認識的對象完全的展現出來，所以我說『而指非指』！」

　　墨子說：「如果你不能夠把真實的真相加以認識，那麼又如何能夠表達呢？你的表達、說明，又怎知是正確的呢？」

　　公孫龍說：「對於名實的問題，我也有很長一段時間的思考。在我看來，要能掌握正確的認識，並且有正確的表達，那就必須是一名一實，名符其實。」

　　墨子說：「是的，名就是為了指涉實，但是名是來自於我們的認知。」

　　公孫龍問：「請問先生，我們是怎麼認知的呢？」

　　墨子說：「人的認知有兩方面的能力。一方面就是用我們的五官，像你剛才說的，用手去摸、用眼去看、用鼻子聞、用耳朵聽、用嘴巴嚐，用這五官的作用，去跟外界的事物相接觸，這樣我們就可以掌握事物的性質。」

　　公孫龍問：「除了五官的作用，另一種能力又是什麼呢？」

　　墨子說：「我們還有另一種精神上的能力。這種精神上的能力，就是能夠把眼睛所看、耳朵所聽的加以思考、綜合，讓它成為一個普遍的概念。所以名有不少種類，像達名、類名、私名。」

　　公孫龍問：「什麼是達名？」

　　墨子說：「達名就是普遍之名。像你說的物，事物的物，就是達名。」

　　公孫龍問：「那什麼是類名呢？」

　　墨子說：「類名，就是分類的名稱，像牛類、像馬類。」

　　公孫龍再問：「那什麼是私名呢?」

　　墨子說：「所謂的私名，它所指的就是個別的名稱，比如說像張三、李四，或像專指某位男僕人、某個婢女這樣的名稱，只能指單一的對象。」

　　公孫龍說：「喔……那我明白了! 私名只能指一個對象；類名可以指一類的，像馬、像牛，不管是白馬、黃馬、黑馬，都能以馬這類的類名包括起來；而達名，則是包括各類的類名，是最普遍的名。」

　　墨子說：「對，你說得不錯。」

　　公孫龍說：「但是在分類上卻有不同的標準。」

　　禽滑釐問：「分類有哪些不同的標準呢?」

　　公孫龍說：「如類名裡面，羊和牛雖然是兩種不同種類的名稱，就特徵來看，羊與牛的牙齒特徵不同，牛都是臼齒，但能夠因為羊牛在這特徵上的差別，就認為牛羊牠們不能歸為一類嗎? 雖然牠們在牙齒上的特徵是不同的，但牠們仍然都可歸為獸類或都是有角類；但另一方面，如果說因為羊有角、牛也有角，那就認為牛就是羊或者羊就是牛，這樣也是不可以的，牠們雖有相同特徵，但牠們仍然可以是不同類的。這就是我所說的，我們對於名的分類，會因為分類標準的不同，而有不同的類名出現。」

　　墨子說：「公孫龍你講的不錯。我們可以把牛羊同歸為獸類，

但我們在羊這類和牛這類的分別中又不能夠認為牠們是相同的。」

禽滑釐說：「所以當我們講牛、羊是同類或者牛、羊是不同類，其實分類的標準是不一樣的。」

公孫龍說：「對，正是如此。」

墨子說：「我們透過認知、認識而形成的名，有了名之後就能用名去指實。」

公孫龍說：「對，我們要表達正確，就需要一名一實，要名符其實，才不會造成別人的誤會。所以我才要特別強調白馬非馬的道理，因為白馬是一個名，它所指的實跟馬所指的實是不一樣的，所以我要說『白馬非馬』。」

墨子說：「從我們剛剛討論的分類標準上來看，白馬它可以屬於馬這類，所以我們說白馬是馬，而從這兩個名所指的實上的差別性來看，白馬和馬又不是完全等同的，所以公孫龍你要特別強調它們的差異性，才說『白馬非馬』對不對？」

公孫龍說：「正是！」

禽滑釐說：「我們在表達時並不是只用名來和別人溝通，我們還會用語詞，也會用推理的方式，甚至辯論的方式來讓別人明白我們的意思。」

墨子說：「是的。所謂『以名舉實，以辭抒意，以說出故』，『以辯爭彼』，名、辭、說、辯它們的關係是十分密切的。」

　　╳　　╳　　╳　　╳　　╳　　╳　　╳　　╳　　╳　　╳　　╳　　╳

　　就在這個時候，他們走到了一間茶館，公孫龍就邀請墨子和禽滑釐一起到茶館喝茶。他們坐下以後發現鄰桌的客人，他相貌堂堂，正和他們點頭示意。公孫龍說：「這位先生，可否與我們同桌共敘？大家聊聊，交個朋友，如何？」那人說：「在下荀況，請問幾位先生尊姓大名？」之後他們彼此互相介紹了一番。荀況對於墨翟、禽滑釐早有耳聞，但那是一百多年前的古人，心想：「眼前這兩位自比墨家鉅子，冒用前人之『名』，不知有何企圖？至於這公孫龍在我們趙國還小有名氣，是平原君府中門客，今天可要好好會會他。」

　　荀況、公孫龍、墨子、禽滑釐，四個人在茶館同桌坐下之後，公孫龍說：「今天能跟幾位先生在此相遇，實在是難得，讓我來做個東吧！」於是他就找了店小二點了茶水與點心，禽滑釐此時禁不住開口：「請問兩位先生，曾否聽聞『天下至寶』？」

　　荀況說：「這是遠古時代傳聞，只聞其名，未見其實。」

　　公孫龍說：「雖然未見其實，但是這『天下至寶』卻是許多人夢寐以求之物。難不成你們也在尋寶？」

　　「沒有，沒有！我只是隨便問問。」禽滑釐趕緊隱藏起尋寶的動機。

　　墨子說：「本來，我們對於世上事物的認知，就有名知、實知與合知，更重要的是為知。」

荀況說：「請先生指教這四種『知』有何差別？」

墨子說：「所謂『名知』就是對於某物，只知其名，不知其實，像你們剛才所說的『天下至實』。所謂『實知』則是只知其實，卻不知其名，如那尚未命名的小嬰兒。而『合知』則是既知某物之名，又知某物之實，兩者相合，故稱『合知』。至於最重要的『為知』就是知道事理，必須去做、去實踐，如知『愛人』，必須真正切實身體力行，愛人若己，這樣才能算得上『為知』。滑釐，你來說說看，為什麼『為知』最重要。」

禽滑釐說：「是，老師。因為如果知道事理而不去做，等於和不知道是一樣的。一個人若滿口仁義道德，將其中義理講得頭頭是道，但是所作所為卻不仁不義，那比那些不知仁義為何物的人還更糟糕。因此，行其所知，才有價值。」

墨子說：「講得不錯！」

公孫龍說：「這『合知』也就是名符其實。我們今天難得相聚，不如繼續來談一談『正名』的問題吧！從孔老夫子談的『君君、臣臣、父父、子子』，到所謂『名不正則言不順』，『正名』是非常重要的。我認為，正確的認識到物，掌握到對象物的『實』加以固定，然後我們再用『名』來稱呼所掌握到的『實』。譬如，我們用『牛』這個詞來稱呼牛這種動物，這樣子一名一實，才不會混亂名實的關係。」

荀況問：「你為什麼要把『實』固定下來呢？」

公孫龍說：「因為我們所認識到的對象物是會變化的，好像

天空中的雲一般，一會兒像山，一會兒像野獸，一會兒大，一會兒小，我們總要把看到的形狀在我們的腦海中先固定下來，才能用『名』加以指稱啊！這個實用這個名、那個實用那個名，這樣就不會混亂了。」

荀子說：「名與實的關係，並不是必然固定的，而是大家約定俗成的。大家都如此這般使用，用這個名去指這個實，這樣才能夠有溝通的作用。至於你說的對象會有變化的問題，有些事物它有相同的形狀，但是卻處在不同的空間，也有一些不同的形狀卻在相同的空間。」

禽滑釐很好奇的問：「什麼事物會有相同的形狀但卻處在不同的空間呢？」荀子回答：「好像兩匹馬，形狀是相同的，但是一匹在草地的東邊，另一匹卻在草地的西邊，雖然我們可以把牠們都合成為馬類，但是畢竟這還是二實，可以用兩個名去指稱牠們。」

禽滑釐繼續問：「那什麼是不同的形狀卻在相同的位置，占有相同的空間呢？」

荀子說：「這就是所謂的『化』，就好像同一個人，從小到大，從胖到瘦，從年輕到年老，雖然他的外表形狀改變了，但他還是同一個人，所以我們只能用同一個名來稱呼他。」

墨子說：「你們現在所談到的名實關係，比較著重在『私名』這個部分，其實，名有許多不同的種類，剛才我已經和公孫先生提過了，除了私名之外，還有達名、類名，有些名所舉的實，

是可以用我們的感官加以感受到的，這就是所謂的形貌之名，好像山、丘、室、廟等等；又有些名是沒有形狀可言的，譬如大、中、小等等，如果一個白色的石頭，你把它敲碎了，它的碎塊仍然是白色的，但是一塊大石頭，你把它敲碎了，你就不能再稱那些碎塊為大石頭了，它們已經變成小石頭了，所以我們不能夠再用『大』這個名，去指稱原來的那個石頭；可見，白色的『白』，和大小的『大』，這兩種名也是不同的。」

荀況說：「墨老先生，在您對於名的分類中，有一種名，稱為『達名』，這種達名我知道，也就是我所謂的大共名，就是最普遍的名稱，像『物』；還有一種名稱，叫做『類名』，譬如說像鳥類、獸類，這些名稱，這我都能夠同意。但是我對於你們墨家所說的，殺盜非殺人也，卻不敢苟同，因為盜，也是人啊！怎麼可以說殺盜不是殺人呢？」

墨子回答：「如果盜也是人，那麼，你為什麼不說『人搶人』、『人殺人』，而說『盜搶人』、『盜殺人』呢？並且，犯法的人與沒有犯法的人豈可相同呢？盜，是犯法的人，必須將他繩之以法，當然與一般人是不同的。」

公孫龍點頭稱是：「這就同我所說的，白馬異於馬是一樣的道理。」

荀況說：「你們這種說法，違反了一般人約定俗成的說法，你們這樣說會造成聽者的混淆，名實的混亂，在我看來，這簡直就是以名亂名啊！」

禽滑釐問：「什麼叫做以名亂名呢？」

荀子回答：「也就是你們把名詞上的不同，混亂了概念上的相通；人和盜，的確是不同的語詞，但是明明就是有鼻子，有眼睛，有四肢的人啊！墨老先生卻說，盜不是人；而白馬明明就是馬的一種，而公孫先生卻要說白馬非馬，這都是『以名亂名』啊！我們只要來檢驗一下，看看你們的這種說法，到了大街小巷去，能否被一般人所接受、聽懂，如果行不通，你們就應該承認你們的說法是錯誤的，別再講這套歪理了。除了以名亂名之外，我還歸納出，『用實以亂名』，以及『用名以亂實』，這些都是應該被禁止的。」

禽滑釐問：「何謂『用實以亂名』？」

荀子說：「正像惠施所說的『山淵平』，高高的山怎麼會和深深的淵一樣平呢？這明顯的違反了一般人的經驗，所以我們只要檢驗看看這種說法，當初我們在說『高』、『低』、『平』這些名詞，回想一下它們所指的是什麼樣的情況，那麼我們就可以清楚的知道『山淵平』這種說法，是違反了普遍的事實啊！」

墨子說：「你說違反了普遍的事實，可是如果在特殊的狀況下，那又如何呢？如果有一潭淵位在很高的高原上面，那不就是和一座位在平地上的丘陵等高嗎？」

荀子說：「那畢竟只是特例啊！所以我說，這一種名實的混亂，就是用實以亂名。」

禽滑釐接著問：「那何謂『用名以亂實』呢？」

　　荀子回答：「就像你們墨家所說的，『有牛馬非馬也』，這邊有一群牛，那邊有一群馬，這兩群合起來有牛有馬，可是你們墨家卻說，有牛馬非馬，這種說法，就是用名以亂實了！」

　　公孫龍說：「可以請你再解釋詳細一點嗎？」

　　荀子說：「這就是名詞在組合上雖然與原先的牛、馬不一樣，但你們卻混亂了客觀上的事實；牛跟馬，把這兩個名詞組合在一起之後，既有牛也有馬，但是你們竟然反對，而說『有牛馬非馬』。」

　　公孫龍說：「『牛』『馬』這兩個名，既然組合成了一個新的名，『牛馬』這個新概念中的內涵裡面就既不等同於『牛』，也不等於『馬』，這也就是我所說的『二無一』，意思就是說，當我們把兩個名組合起來，雖然組合後的『牛馬』和原先的『牛』、『馬』是有關係的，可是當它組合後就變成新的名稱了，也就不能等同於先前個別之名的意思了。」

　　墨子說：「牛馬非牛也，未可；牛馬牛也，未可；我們墨家基本上是可以瞭解荀況和公孫龍二位的說法。因為就單獨的牛群、馬群來看；的確，牛馬這一群中有牛也有馬，你若說牛馬

非牛，或是牛馬非馬，也都不太恰當，但是我們更瞭解公孫龍所說的『二無一』，也就是說，當牛馬形成了一個概念之後，它就和個別的『牛』以及個別的『馬』是不一樣的了。這就好像是你把各種的動物變成一個類名，像牛、馬、羊，通通都可以視為動物；但是反過來說，並不是所有的動物都是牛，都是馬，或都是羊。雖然現在用的是『牛馬』這個觀念，但其實這就像是我們人在推理、思考的時候，要往更普遍的概念、更大的類名去發展，會形成的組合概念，所以才會說牛馬非牛也，牛馬非馬也。」

禽滑釐說：「是的，我們老師常常教我們在使用名去指稱實的時候，『名』有指稱的作用，也有溝通的作用，我們必須要把溝通的作用加以發揮，那就必須要『通意後對』。」

公孫龍和荀況兩個人同時問：「什麼是『通意後對』呢？」

墨子說：「當我們在使用這些名所組合成的詞以及語句和別人溝通時，我們必須要把我們心裡面所想的，或者是從什麼觀點來說這句話，讓對方瞭解，譬如說我們講『覊』，別人可能不瞭解，但是如果我們講『覊旅』（客旅），那別人就知道我們所談的事情是有關於旅行的事情；同樣的，我們墨家在講『殺盜非殺人也』，為什麼要特別強調殺盜的『盜』和『人』是不同？那是因為我們墨家主張兼愛、非攻的思想。曾經有人質疑我們，既然主張兼愛，為什麼要殺人呢？因此我們為了要向天下人說明我們的兼愛思想，並不代表我們因愛而縱容罪犯，所以我們

會說，那人之所以被殺是因為他並不是一般的人，而是盜，這就是一種『通意後對』，要讓聽者瞭解我們是從什麼樣的觀點，來使用這一句話。這樣我們才能夠達到溝通的效果。」

荀子說：「我也非常贊同我們必須要以溝通來作為使用名的原則，那也就是約定俗成的原則。」

公孫龍說：「天色不早了，我們今天談論的正名就到此告一段落吧！」

禽滑釐也對著老師說：「大家仍然在山洞的另一頭等著我們呢！我們也該回去與他們會合了！」

於是墨子和禽滑釐告別了荀況和公孫龍，順著原路走回山洞，摸索著前往另外一個旅程的出口。

公孫龍

　　戰國時期名家的主要代表人物。戰國末年趙國（今山西省南部）人，生卒年代大約在西元前 320 年至西元前 250 年。曾在平原君趙勝家當門客。他善於辯論，力倡「白馬非馬」之說，並與儒家的孔穿、陰陽家的鄒衍等人進行過辯論。他的思想涉及如何正確認識事物？如何能有正確的表達？如何通達在變化中的表達？等等問題。他強調在表達上，一名一實、名副其實的重要性。

　　《公孫龍子》是先秦時期名家的重要著作。據《漢書・藝文志》記載，《公孫龍子》原有十四篇，後來多數散失。現存的《公孫龍子》一書只有六篇，保存在明代的《道藏》中，其中除了〈跡府〉篇是由公孫龍的弟子後來補錄之外，其他五篇，即〈白馬論〉、〈指物論〉、〈通變論〉、〈堅白論〉、〈名實論〉，經多數學者考證後，確認為公孫龍本人所著。雖然他的「白馬非馬」論，被許多歷代學者視為詭辯，但是其中仍然包含許多合理的推論，是中國古代邏輯思想的重要代表，廣受現代語言哲學、分析哲學家們的重視。

荀況

　　戰國末期哲學家，名況，字卿，趙國人。大約生於西元前 340 年，卒於西元前 245 年，他是先秦哲學的集大成者，也是李斯與韓非的老師。

　　關於荀子的生平事蹟，史籍記載說他十五歲就到齊國稷下「遊

學」，在稷下學風的薰陶下勤奮學習研究。後因齊國被燕國打敗，聚集在稷下的學士各自分散，他也離開齊國轉往楚國。西元前 279 年齊襄王回臨淄，重新在稷下招集學士。由於老一輩的學者或死或散，荀子在稷下「先生」中「最為老師」，從而成為稷下學宮中最有威信的領袖。

但是，在齊王建十年（西元前 255 年）遭受讒言，最終還是離開了齊國。他在稷下積累了長期的教學經驗和豐富的思想養分，為以後總結諸子百家之學，創立自己的思想體系，打下了深厚的基礎。晚年，他積極從事教學和著述，總結百家爭鳴的理論成果，創立了先秦時期完備的哲學體系。他的思想反映在《荀子》一書中。

第六章

與韓非子談人性與管理

　　話說禽滑釐與墨子返回山洞之後，在裡面摸索著，尋找回去的路。由於當時來的時候是朝著光線一路走過來，並沒有留意到原來山洞裡面還有很多岔路，因此墨子與禽滑釐走到不同的岔路口時，便不知該往哪個方向前進。

　　禽滑釐說：「我記得好像是往這邊走！」墨子就跟著禽滑釐往前，一步一步前進，遠處的確發現了光亮，他們師徒二人非常高興，快步的往前走去，慢慢地他們走到了洞口，卻發現並不是原來的入口。禽滑釐見狀便說：「老師，我們趕快回頭吧！我們剛剛進入洞口時太陽已逐漸下山，倘若現在不趕緊回去，到時夜色昏暗，我們便走不回原先的路了！」

　　相較於禽滑釐的擔憂，墨子神色自若的說：「既來之，則安之。說不定『天下至寶』不是找到的，而是遇上的。既然我們走到了這兒，乾脆出洞瞧瞧，看這個別有洞天的地方，又是個怎樣的地方。」

　　兩個人走出洞口往前行，天色竟又漸漸明亮，遠遠的他們看到了一大片的麥田，麥田中有一夥人正在努力認真的工作，除草的除草、收成的收成，大家各司其職，工作得非常賣力，他們全身汗流浹背。墨子和禽滑釐沿著田邊的小路前進，欣賞著田園的風光。就在這時，他們聽到了一陣吆喝聲，「休息啦！休息啦！大家來吃點點心、喝點水吧！」不久就看到遠方有個人挑了個扁擔，走近麥田。墨子看到了這番景象就對禽滑釐說：「唉呀，你看！人與人互相幫助、彼此合作，這種景象多美好

啊！」

　　當墨子的話一說完，後面傳來很不以為然的聲音：「他們還不都是為了自己的利益在盤算！」

　　禽滑釐與墨子聞聲有點訝異，兩人轉頭一看，看見一位身著白色服裝的年輕人牽著一匹駿馬悠悠的走著，當他靠近墨子師徒兩人後，便停下腳步與墨子和禽滑釐打招呼。

　　禽滑釐就問：「這位小兄弟，剛才您說他們都在為自己的利益盤算，何以見得？」

　　年輕人一邊說一邊用手指著麥田裡的人，「你們看！這個挑點心的人一定是麥田的主人，他希望他所雇用的這些工人們，能努力幫他收成，盡早完成工作，這樣他便能有多一點的麥子去賺更多的錢；而那些他所雇的工人，也是希望能得到主人多一點賞錢、多一點工錢，所以他們這麼賣力工作。如果這位主人不發賞錢、工錢給他們，或是這些工人沒有認真工作，讓主人的收成不好，他們還能這樣和諧的互助合作嗎？」

　　「人與人之間的互動，有時的確會自私自利，但這並不是人性本然的狀態，而是受到後天不良環境的影響，使人變得自私自利，最後導致天下大亂。」聽完年輕人的解釋後，墨子提出自己的看法。

　　他們一行人慢慢的走過這片麥田，上了山坡走近一座涼亭，他們決定在此休息一下，好好討論彼此的看法，交換大家的意見。

　　年輕人牽著馬，把馬拴到馬柱上，走進涼亭，尚未坐好就自我介紹說：「我是韓非，從齊國稷下來，準備返回故里韓國，請問兩位是……?」

　　墨子心想：「又是名不見經傳的小國，未曾聽聞。」但他並無輕視之意，因為墨家非攻思想、正是關心這些小國，於是他介紹了他們師徒二人，說道：「我姓墨，他姓禽，是我的大弟子……」正打算繼續說下去，不意韓非就急著開口說道：「兩位好！我認為人人都是為著自己著想的，就算表面上會裝模作樣，但實際上都是自私自利的，包括各種人際關係都是一樣的，像父子、夫婦、君臣，還有我剛才所說的主僕的關係都相同。」

　　「父子關係是最密切的！怎可能會是自私自利的呢？」禽滑釐口氣有些訝異，對韓非的說法感到不可思議。

　　「你想想看，如果一對父母扶養子女，因為家貧，使孩子吃不好又穿不暖、在外頭感到自卑，慢慢的他們便會對父母開始有所埋怨。等小孩有了工作能力以後開始賺錢回饋父母，如果他們的供養並不是很豐富，那些父母也會埋怨，認為子女不孝順。大家常講『養兒防老』，既然養兒是為了防老，那麼父母對子女其實也是脫離不了自私自利的關係。」韓非說。

　　墨子搖搖頭，無法認同韓非的說法，「你只是看到了父母子女之間的某一個片面，並不能因此來說人性是自私自利的。」

　　禽滑釐點了點頭，認同老師所言，說：「先生您剛剛還提到了夫妻之間的關係也是自私自利的，您有什麼證明嗎？」

韓非子說：「衛國有一對夫妻，先生準備要到外地去做生意，出門前他的妻子為他祈禱：『希望我的夫君到外頭做生意時能夠賺錢，賺個一百錢就可以趕快回家。』她先生聽到後有點納悶：『妳既然跟上天祈禱，為何不幫我祈求賺多一點呢？怎麼只賺一百錢就回來了呢？』妻子說：『我當然希望你賺錢，但我又不希望你賺太多錢。』先生就問：『為什麼呢？』妻子說：『如果你賺太多錢，你就會討小老婆，就不理我啦！』你們看看，這不是證明夫妻之間也經常是考慮自己的利益嗎？」

墨子說：「如果按照你所舉的例子，天底下所有人都是自私自利的！可是你有沒有想過，當天下人都自私自利時，這社會秩序要如何維持？人人都愛自己、人人都愛自己的家、人人都愛自己的國，人人為了維護自己的家、自己的國，那不是會衝突不斷，天下大亂嗎？國與國相爭、家與家相亂、人與人相鬥，那會變成一個怎麼樣的世界呢？」

韓非說：「人如果愛自己的家、自己的國，那也是為了自己的利益。當自己的利益與家國的利益相衝突時，他還是會優先考慮自己的利益。所以啊，我就主張要用法治的方式，針對人的自私自利來整頓這個世界，來治理好國家！」

禽滑釐說：「您剛剛還講到君臣關係和很多的人際關係，我還想多聽聽您的想法。」

韓非說：「在君臣關係方面，國君希望臣下為他賣命，是為了鞏固他自己的權勢、地位！這些臣子們若沒有辦法得到榮華

富貴、沒辦法獲得利益，卻要為國君賣命，你想他們會願意嗎？
所以國君和臣子都有各自的心機啊！」

　　韓非接著說：「我們再看其他的人際關係，王良愛馬、句踐
愛人，他們都各有自己的盤算。很會訓練馬的王良，他為何愛
馬？因為他要將馬訓練好才會得到賞賜啊！句踐為何愛人？因
為他要復國、要打敗吳王夫差，所以他才會表現出愛民的樣子
啊！」

　　「再看看醫生幫人療傷，病人的腿上有個膿瘡，醫生竟然
敢用他的嘴把膿瘡裡的膿、毒水給吸出來，如此噁心的事情，
為何他敢去做？因為他可以賺醫藥費、可以得到利益啊！」

　　「賣轎子的、賣車子的他們都希望大家賺大錢，為何？因
為當大家賺大錢時才會有人向他們買轎子、買車子啊！賣棺材
的人，他們希望什麼？希望多一點死人啊！為何？因為多點死
人才有人照顧他們的生意啊，他們才可以獲得利益啊！但你不
可以認為賣車子的就比賣棺材的有仁義、有道德、比較好；賣
棺材希望人家死，就是比較不道德、就是比較不好。其實不管
是賣車子還是賣棺材的都一樣，都是自私自利！」

　　禽滑釐有些被說動了，「嗯……您說的還真有點道理。人性
的確是蠻自私自利的。」

　　然而，在禽滑釐陷入思考人性的自私自利時，墨子說話了：
「人性的確是受到後天環境的影響而呈現出一種自私自利的狀
態。好比素白色的布把它放進青色的染料裡就變成青色了，放

進黃色染料裡就變成黃色了，所謂『近朱者赤，近墨者黑』啊！人放到怎樣的環境裡面就會受影響，呈現出怎樣的狀態；大好年時、豐收的時候，人民看起來很善良，可是等到歉收、旱災時，民心就變得很吝嗇甚至很邪惡。不過人性並非如你所言是全然自私自利的。」

「如果您認為人性不是自私自利的，那人性是什麼呢？人性還有什麼呢？」韓非問。

墨子說：「人具有一種感通性。」

韓非問：「感通？什麼是感通？又感通什麼呢？」

墨子說：「人可以感通別人的心意，也可以感通人自己的需要、內在的狀態，還有最重要的是它可以感通天，天的意志、天的仁心。」

「人要怎樣和自己感通呢？」禽滑釐問。

墨子說：「人常常可以和自己的內在有所感通，譬如說，你會感覺到自己是憂傷的、快樂的、飢餓的、飽足的，因此你常常會和自己有一種對話，這就是自我的感通。見到該做的事情去把它完成，這時你會感覺到快樂，這就是你來自感通自我而產生的一種行動的力量。所以人可以和自己感通。」

韓非問：「那請您說一說，自己和別人又能怎樣的感通呢？」

墨子說：「《詩經》上有言『投我以桃，報之以李』，別人給我好處，我就會想要回報他，別人對我好，我也會對他好。就像我們剛才看到那片麥田的主人跟那群工人的關係，主人對工

人好，工人自然也會努力工作來回報主人，這是人與人之間的一種感通。」

「天又要怎樣感通呢？天刮風、下雨、打雷，四季的變化，這樣要如何感通呢？天既不會說話，又不會表達祂的心意，人如何來跟天感通呢？」韓非子接著問。

墨子說：「你想想，如果我們不以天為法，那我們要以什麼為效法的對象呢？難道我們要以父母為效法的對象嗎？可是父母並不是完全無私的、完美的。或是我們要以老師作為我們的仿效標準嗎？但老師也不是完全完美的、無私的。又或者我們要以國君作為我們學習模仿的標準嗎？國君仍然也是不完美的人，也是有限的、會自私的。因此只有天才是最無私的！你看上天普降甘霖給大地，使萬物可以生長，祂的光明照耀、永不衰竭，古代的聖王都在效法天，我們當然必須效法天。要效法天就必須感通天、感應天。而天是什麼呢？天就是無私的愛！因為天無私地愛著所有的人，所以我們墨家才要提倡兼愛的思想，普遍的愛所有的人。」

韓非說：「如果張三和李四他們都自認為感通了天，張三認為他應該接天子的地位，李四認為他才是天子，那這時誰來判定是非呢？」

墨子說：「天是有意志的、會賞善罰惡的，是正義的代表。所以假使有兩個人他們都自認秉持著天意想要取得天子或國君的地位，那麼天一定會呈現誰是誰非。」

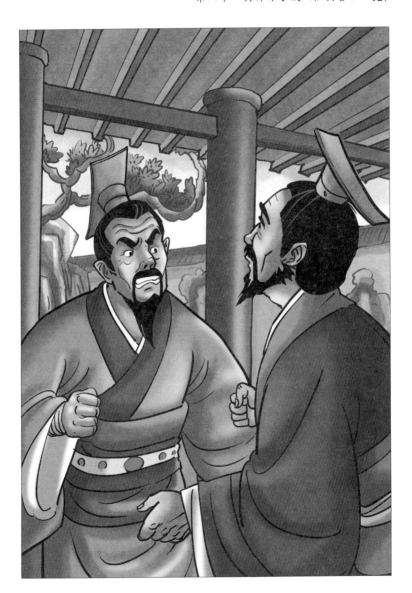

　　韓非說：「那麼請問天要多久之後才會呈現這是非呢？如果天意不呈現，或者是呈現得很慢，那天下不是仍然混亂嗎？所以我認為最高的權威應該是國君，而不是天！」

　　墨子說：「你這看法很危險，因為國君是人，他會自私自利。你剛才不是提到人都是自私自利的嗎？」

　　韓非說：「您剛才不也是提到人是會感通的嗎？您怎知道我說的國君他的所作所為不是符合天意的呢？」

　　墨子說：「如果他的所作所為是符合天意的，那麼最高的權威就是天。天下為何會亂？因為一人一義、十人十義，每一個人的思想、想法、作法都不一樣，有些人為了自己的利益去攻打別的國家，有些人為了自己的利益去強奪別人的財物，這些人沒有辦法共同合作、共同努力，所以社會就會混亂失序，國家就容易被滅亡，所以我們墨家⋯⋯」

　　禽滑釐這時候接著墨子的話，說：「我們墨家主張要尚同！」

　　韓非說：「什麼是尚同？」

　　禽滑釐說：「就是下要同於上。」

　　韓非問：「何謂下？」

　　墨子說：「庶民是下，士為上；士是下，地方官員為上；村長、里長、地方官員是下，諸侯、三公就是上；諸侯、三公是下，國君為上；國君是下，天是上。下必須同於上，在上位所認為是善的，在下位的必須要遵從；在上位認為是惡的，在下位的必須要去避免。這樣子就能夠建立起非常有秩序的國家，

才能讓這群體發揮最大的作用與功能。」

韓非說：「我深不以為然。因為天意是什麼？誰來解釋？當國家碰到危急時，還要卜卦嗎？還要祭天嗎？還要問天意是什麼嗎？國難當頭，強悍的侵略者已經到家門外，那時問天天不應、問地地不靈。天意根本就沒有辦法幫助人解決問題。所以我主張尊君主道，處勢操柄！」

禽滑釐問：「您說的尊君主道，處勢操柄是什麼意思呢？」

韓非說：「我認為一個國家要治理得好，必須要讓國君有最強大的統治力量，國君就好像老虎，當老虎沒有了爪、沒有了牙，誰還會怕他呢？他也沒有辦法去治理好一個國家，所以必須要給國君最大的權力。」

禽滑釐問：「如果國君握有最大的權力，但他恣意濫行、暴虐無道那怎麼辦呢？」

韓非說：「所以國君必須依循法律來做，能夠握有賞、罰二柄，依法行事，這樣國家就能夠治理得好。」

墨子說：「國家要治理好，除了你說的國君依法行事之外，也必須要有好的人才。」

韓非子點頭同意墨子所言，「國家治理得不好，主要是國君身邊有一些無用的人，影響國君的意念。」

禽滑釐問：「您說說看，在國君身邊會有哪些無用的人呢？」

韓非說：「就是那些『所用非所養、所養非所用』的人，到了危急的狀態，他們都不能幫國君解決問題。像是學者、言談

者、遊俠、帶劍者、國君旁邊的那些近臣，還有商工之民，他們無意耕戰，這些都是無用之人。」

禽滑釐面帶疑惑地說：「您說的學者不是有知識的人嗎？他們應該對君王有所幫助的啊！怎麼會是無用的人呢？」

「好比儒家那些學者。整天滿口仁義道德，在國君身邊不斷說教，要行仁政、要寬恕，結果讓整個國家變得十分軟弱，沒辦法建立鐵的紀律，發揮組織的效率。」

禽滑釐說：「您說的言談者是否就是指縱橫家？」

韓非說：「是的，縱橫家到各國去遊說，其實都是心懷不軌，都是謀求他們自己的利益而不是為國君著想，因此國君也要避免與他們親近。」

禽滑釐再問：「那您說的帶劍者、遊俠又是怎麼樣的人呢？」

「這些人他們不怕死，很有勇氣，獲取虛名，博得國君的注意或者是寵信，但是他們也是為自己的名聲而沒辦法真正為國君效力，甚至到了危急的時候，這些遊俠、帶劍者還會與國君的意見相左，導致國家沒辦法集中力量，抵禦外侮。」韓非子回答。

禽滑釐再問：「那您說的這些左右近臣，為什麼也是不好呢？」

韓非說：「人都是自私自利的，國君身邊的妃子、媚臣，大家都希望能獲得賞賜、得到好處，因此彼此勾心鬥角，尤其他們又是國君所親近的人，常常在國君的身邊說一些讒言，左右

了國君正確的意念，所以這些人也是不應該親近的。」

禽滑釐又問：「那工商之民對國家的發展又有什麼不好的影響呢？」

韓非說：「處在一種危難的狀態，國家最需要的就是農民還有軍隊，商人他們不從事生產，只是藉由買賣得到利益，工匠他們也不是直接從事生產，因此對國家都是沒有利益的，所以我稱這五種人為五蠹，五種像蛀蟲一樣的人，是國君千萬親近不得的。」

「但我們認為國家要治理得好，必須尚同，不管是上至天子、諸侯、將軍、大夫，以至於士、庶人、各級的政長，都必須是賢者、賢能的人，由賢能的人來管理國家，就可以把國家治理得好。」墨子說。

韓非問：「您所謂賢能的人，是怎麼樣的人呢？」

墨子說：「賢能的人必須具備有三個條件。第一，『厚乎德行』，他必須是一個有道德的人，有很好的操守；這是作為賢能的人最基本的條件。第二，『辯乎言談』，他必須是能夠辯才無礙，很有溝通表達的能力，能夠把他的思想傳達給大家。第三，『博乎道術』，他必須具備有豐富的知識，這樣子的人，才能為國家所用。這些人各居其位，才能夠把國家治理得好。」

韓非說：「您到哪邊去找這些人來呢？」

禽滑釐說：「我們認為，對於賢能的人，要給他們富貴。國君對於在上位的賢者，要獎賞他們，使他們富有，讓他們在社

會上有崇高的地位，並且要尊敬他們，稱譽他們，這樣子賢能的人便會越來越多。」

韓非子說：「沒錯，用賞罰的方式的確有一定的效果，不過人都是自私自利的，難保一個人剛開始的時候具有德性、溝通能力佳、知識充足，但是日子久了，自私自利的人性顯現出來後，便難保此人能始終如一了。」

墨子說：「關於你說的這點，我們當然會看他的表現如何。有能力的，就讓他擔任重要職務；沒有能力的，就要他離開原本的職位。並且，在任用一位賢能的人時，要賦予他處事、決斷的權力，這樣他才能夠把事情做好。」

韓非說：「我認為，我們不應該尚賢而應該任勢。」

禽滑釐問：「尚賢有何不可？什麼又叫做『任勢』？」

韓非說：「有賢才但是沒有勢位，並不能發揮任何作用。我所說的『勢』就是權勢的勢。又可分為兩種，第一種，叫做『自然之勢』，也就是某一個人生在上位，他所獲得的權力，是傳承而來的。此人如果是賢者，那麼他便可以將國家治理得好，若非賢者而是暴君，那麼就會治理得不好。這種自然之勢，不是我所說的任勢，我所說的是根據客觀的威勢。也就是第二種：『人設之勢』。」

禽滑釐好奇的問：「那什麼又是人設之勢？」

韓非子說：「所謂人設之勢就是『抱法處勢』，也就是透過人所設定的制度法規，確立出一定的治國軌道，如此一來，即

使是一位中等之資的人擔任領導以及治理的職務時，只要依法行事，便可以把國家治理好，把事情做好。所以，我認為要把國家治理好，不能只是尚賢，必須要抱法處勢才可以。」

禽滑釐說：「我們墨家也強調法，只是我們最高的法儀就是天。」

韓非說：「我剛才已經聽到你的老師提到了天，但是在危急的狀態下我們不瞭解天意是什麼，就算是平常的狀態，我們對於天意的解釋，也會有所不同。領導一個國家，到底是要迎戰還是要投降，是要開墾農作還是要疏濬河流；事情的先後順序、輕重緩急，這麼多的細節，不可能事事從天意那邊得到解答。所以我認為你們的以天為法是沒有效率、沒有作用的。」

墨子說：「『天欲義，惡不義』，天是至仁的，無私的愛天下所有的人，這是大家都能夠瞭解的，我們秉持的這種愛天下人的心，去興天下之利，除天下之害，這就是符合天意。並且天欲義，而義本身的意思就是利，此利是指公利，要興天下之公利。」

韓非子說：「你們這樣的理想陳義太高了，根本就不可能做到。」

禽滑釐說：「我們除了以天為法儀之外，還有三表法。」

韓非問：「什麼是三表法呢?」

墨子說：「三表法分為：本之者、原之者、用之者。第一表，『本之者，上本之於古者聖王之事』，我們在做事的時候可以借

鏡以往成功的案例，看看古代的聖王是如何完成造福百姓之事。第二表，『原之者，下原察百姓耳目之實』，關於事物的存在與否，我們要實際觀察，瞭解百姓們看到、聽到以及經驗到的是什麼。接下來第三表就是我們墨家有效的治國和管理方法，所謂的：『用之者，發以為刑政，觀其中國家百姓人民之利。』當我們決定了一個政策或是思想時，要把它變成一種實際的作為，並且要去觀察這種作為的效果，如果有利於天下百姓就要繼續做，如果不利就停止不做。因此，依循著三表法能夠使我們的思想正確、作為有效。」

韓非說：「我說的『法』，和你們所說的不一樣。我說的『法』是國家的制度、行政的規定；我所說的『法』，和你們的法儀概念，有某些相近之處，都要有一個比較客觀的依循標準。因此，我說的『法』，才能夠真正發揮治理國家的效果。」

墨子說：「那請你說說看，你所說的『法』，到底有哪些特性?」

韓非說：「首先這個法必須要有客觀性，不同於你們那模糊不清的天意，不會造成張三、李四，或是任何人對天意都可有各自的感通、不同的見解，它必須是一種成文法，並且把它寫在書籍當中，甚至在官府裡公告周知，要向老百姓公布，讓大家都知道這種行為的規範，犯什麼過，該受什麼樣的罰，一清二楚。所以我所說的『法』，必須要有客觀性。再者，這個治理國家的法必須要有公正性，『刑過不避大臣，賞善不遺匹夫』，

居高位者之大官犯錯，和一般平民百姓受到一樣的處罰。獎賞也是一樣，不論你是大臣或是百姓，該賞的一點也不會少。」

禽滑釐說：「您的這個看法，我覺得滿有道理的，不知老師您認為如何呢？」

墨子說：「韓先生所言的確有他的道理，但是他最大的問題就是，國君本人是有限的，他不會是完全無私的，依韓先生剛才所言，君臣彼此之間各有心機，如何能夠依法治理好呢？再者，這個法該由誰制定呢？訂定的標準若沒有天作為根據，如何能有一套公正、客觀的法來實行賞罰呢？」

韓非說：「有關您所提到的這點，我也曾經思考過，我認為國君要能運用這些大臣來幫他治理國家，他必須使用『術』。」

禽滑釐問：「您所說的『術』，是不是我們墨家所說的權衡輕重啊？」

韓非子問：「你們所謂的權衡輕重，標準是什麼呢？」

禽滑釐說：「簡單來說就是要照顧到最大多數人的利益，兩害相權取其輕，利之中取大，害之中取小。只要能夠對大多數人有利益的事，我們就去做，當然在過程中，會因應當時的情況做出調整。」

韓非說：「我所說的『術』，也有用到一些你們權衡的方法，重要的是要把國家治理得好，使國家能夠富強，不受到敵人的侵略。」

禽滑釐說：「那可否說明一下，您所說的『術』有哪些呢？」

韓非說：「首先，術所運作的對象，並不是一般的老百姓，而是臣子。因為最高的領導者，也就是國君，對於下面的官員，他必須要有一套領導統御的方法，而這些方法就是所謂的『術』。我所說的『術』，有非常多種，簡單的說明下列四種。第一種，叫做『執要術』，作為國君，最高的領導者，要掌握重點，不要事必躬親，每件細微的小事都做，否則養這麼多的官員是要做什麼用的？舉個例子來看：田嬰在齊國為相，當年度的稅收齊之後，田嬰希望齊王聽聽該年的財務報告。齊王聽從了田嬰的建議，想瞭解今年各地稅收的情況，也順便鼓勵這些財務官員。由於全國一年的財報分量十分龐大，齊王聽了三天三夜都還沒聽完，到最後齊王不想聽了，田嬰請齊王再堅持最後一個晚上，就可以報告完畢。隔天晚上，十分疲累的齊王不知不覺的闔上眼睛開始打盹。就在此時，那些財務官員竟當著齊王的面竄改了財務數字，讓那些官員有了貪污、舞弊的機會，這就是齊王他不能夠把握執要術而犯的錯誤。」

禽滑釐說：「先生說得不錯，但你說的人物卻從未聽聞。請問還有嗎？」

韓非說：「第二種是用人術，要用恰當的人、有能力的人、遵守法律的人來治理國家，而不要任憑自己主觀的好惡用人。」

墨子說：「我們也強調『官無常貴，而民無終賤，有能則舉之，無能則下之。』行事要依公義，避免私心為用。」

韓非說：「我再說第三種，也就是『參驗術』，舉個例子來

看：南郭處士在齊國冒充吹竽的樂師。因為齊宣王喜歡聽大型樂團來演奏，於是南郭處士便可以混在其中濫竽充數。到了齊湣王時，由於他喜歡一個一個聽樂師獨奏，所以南郭處士就趕快逃走了。所以，做國君的人必須要能夠透過實際的觀察、檢驗，這就是我說的參驗術。透過參驗術才可得知用的人是否恰當，是否能夠發揮其最大的功能與作用。除此之外，還有一種叫做：聽言術。」

禽滑釐問：「什麼是聽言術？聽言術不也是一種參驗嗎？」

韓非說：「是的，但是因為國君跟臣子之間總是懷有心機以及利益關係，所以國君必須能夠瞭解，大臣彼此之間也是勾心鬥角，很多時候會因為利害關係而做出假公濟私、避重就輕的行為，所以國君必須要透過聽言術掌握事物的真相。譬如，在晉文公時，有一位廚師，獻上了烤肉串燒，當晉文公在吃串燒時發現上面綁有頭髮，差點被噎到，於是他非常生氣，要臣子把廚師叫到廳堂上來，準備將他判死罪。結果，廚師被抓上來之後便說：『為臣該死，我犯了三條大罪，實在是該殺。』晉文公好奇到底是哪三條大罪，於是要廚師說說看，廚師便說：『第一，我在切肉時，刀鋒銳利，肉都被切斷了，頭髮竟然沒有斷，此為第一罪；第二，我在做串燒時以竹籤刺肉，看得一清二楚，竟然沒看到有頭髮，此為第二罪；第三，當我把串燒放在爐子上燒烤時，火焰炙熱，肉都烤熟了，甚至有些地方都焦了，頭髮竟然沒被燒斷，此為第三罪。』晉文公聽畢，運用聽言術，立

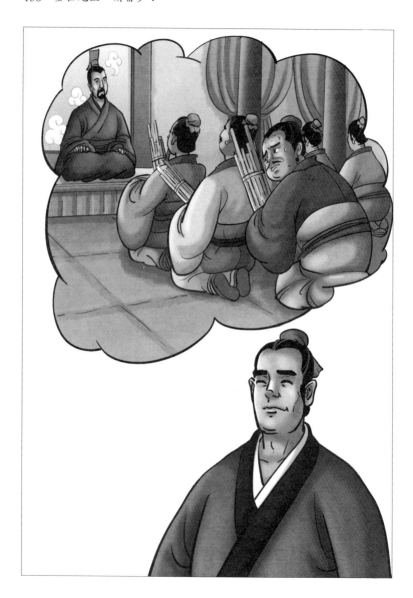

刻聽出其中的蹊蹺，於是他問廚師：『如果我把你給殺了，誰可以取代你的位置呢？』廚師回答：『應該是二廚吧！』於是晉文公立即傳喚二廚進廳堂，簡單的逼問幾句，就讓二廚招認，原來頭髮是二廚給綁上去的，目的是要來陷害大廚，以便篡奪大廚之位。於是二廚便被推下去斬了。這就是聽言術。」

禽滑釐聽得津津有味，便說：「先生說得真有道理，所以您所說的執要術、用人術、參驗術、聽言術都是國君用來對待臣子所使用的方法，是嗎？」

韓非說：「當然還有其他各種應變而變之術，但基本上都是國君在管理臣子上必須用到的。」

墨子接著問：「如果用你的這一套『術』來治理國家，那就違法了，到底是『法』比較重要，還是『術』比較重要？」

韓非說：「治理國家有陰陽兩面，陽的就是法，必須要有客觀性、公正性，是可以公諸於世的，但是為了要對付人的自私自利，法不能面面俱到，仍有其不足之處，所以做國君的必須還要懂得運用陰柔之術。此術，藏在國君的心裡面，是不能讓別人知道的，國君的喜怒哀樂皆不可形之於色，國君治國必須同時運用陰陽兩面，才能將國家治理得好。再加上我之前所說的抱法處勢，處勢操柄；因為做國君憑什麼立法，又憑什麼行法？他又如何用術？這一切都必須要以握有大權、具有威勢為基礎，因此，法、術、勢是我認為治理國家的三大法寶。」

談到這裡，天色已暗，他們決定分道揚鑣，於是三人起身

便離開了涼亭，慢慢地走下山坡。墨子說:「今天聽你這一席話，覺得你真的是一個非常有思想的人，你覺得人類的歷史是慢慢的進化，還是不斷的退化呢?」

韓非說:「我認為人類的歷史，是不斷的在進化，所以我對你們三表法裡面的本之者，上本之於古者聖王之事，不能苟同。」

禽滑釐問:「為什麼?」

韓非說:「你們都認為古代那些聖王擁有好的道德、好的操守，他們的禪讓之治、他們的放棄天子之位好像多麼了不起。其實當時的天子所過的生活也不過是粗茶淡飯，既沒有權力又沒有財富，每天疲於奔波處理萬民之事，所以他們輕易的就把天子之位、領導的地位讓給別人。可是反觀當今，一個做縣官的，他後代的子孫，就可以享盡榮華富貴好幾代，可以駕著馬車到處跑，所以要辭古代的天子是很容易的，但是要辭現在的縣官就很難了。」

禽滑釐說:「此言差矣，我們墨家非常尊崇的大禹，為治水患，三過其門而不入，為了百姓蒼生，如此努力解決大家的生存問題，所以他的這種精神，才是我們稱他為聖王的根據。」

韓非說:「你看在上古的時候，有所謂的有巢氏、燧人氏、神農氏，這些人都被稱為聖王，只是因為他們解決了那個年代的生存問題，好比在樹上做窩、用火來熟食。倘若現在也學古代燧人氏鑽木取火，那不是為現代人嘲笑嗎? 古人有古人解決問題的方法，現代人有現代人解決問題的方式。『世異則事異』，

時代變了，事情也就變了。因此我們的設備、作為、法律、制度也要跟著改變。我認為，歷史是不斷的改變、進化，古人解決事情的方法我們未必要參照，但是如果對於現代有益，仍可以參考。基本上我們應該認知到歷史是不斷的進化，所以要提出新的概念、新的作法，才能夠解決新的問題。」

墨子說：「我們墨家也是反對儒家那套『述而不作』的說法，只作為傳述但沒有實際創新的行為。我們提倡述而又作，古人有好的思想，我們要傳述，同時我們自己也必須要不斷的有創作。」

韓非說：「這點我們兩人的看法是相當接近的。」

最後禽滑釐提出了一個很重要的問題，他說：「您認為在治理國家上，最終的目的到底為何？」

韓非回答：「當然是富國強兵！」

墨子問：「難道富國強兵就夠了嗎？富國強兵是你的目的還是你的方法？」

韓非說：「其實富國強兵為的還是愛民利民。要有強勢、富有的國家，人民的生活才會過得好。就像我強調法的重要性，以法作為治理國家的方法，前苦而長利，可能一開始老百姓會覺得嚴刑峻法對他們來說是很痛苦的，但是從長遠來看，他們還是能夠獲得最大的利益。如果用儒家那套，仁義、道德、慈愛、寬恕，人民一開始會覺得很愉快，但是後患無窮。所以我認為政治的目的，就是富國強兵以達到愛民利民，這就是我所

謂的國家利益。」

墨子說：「我們墨家跟你們不一樣的地方在於，我們認為在政治的目的上必須興天下之利，使天下人都能夠兼相愛，交相利。韓非你所著眼的只侷限在一個國家，而我們墨家所看的卻是整個天下。從你的思想來看，雖然可以讓一個國家富強、讓一個國家的人民在好的環境下生存，但是我們墨家努力的方向卻是為了天下百姓，所以我們除了談兼愛之外，也論非攻。我們不只希望一個國家的人民要過得好，也希望全天下的國家百姓都過得好！」聞畢，韓非低下頭來陷入了長長的思考。

韓非

　　戰國末期韓國人，為韓國貴族之後，約生於西元前 280 年，卒於西元前 233 年。他曾和李斯同學於荀況，李斯自以為聰明才智不及韓非。當時韓國國力衰弱，韓非曾多次上書韓王，提出富國強兵、修明法制的主張，卻不被韓王採納。於是他退而著書，著有〈孤憤〉、〈五蠹〉、〈內外儲〉、〈說林〉、〈說難〉等篇，成十餘萬言。

　　他的著作傳到秦國，秦王讀後十分欽佩，想要認識韓非，與他交往。於是發兵攻韓，索要韓非。韓王原本並未任用韓非，在情勢緊急、不得已的情況下，才派遣韓非入秦。韓非到了秦國，秦王卻又不信任他，之後又聽了李斯、姚賈誣陷韓非的話，將他拘囚下獄。李斯送毒藥叫他自殺，韓非想要親自面見秦王加以解釋，但在李斯的阻撓下，還是無法見到秦王。然而，後來秦王後悔，決定要赦免韓非，但韓非已經死在獄中了。

　　《韓非子》一書是法家的重要著作。據《漢書・藝文志》所載，共五十五篇。韓非認為歷史是不斷變化的，不必事事法古，應該要有新的措施來因應時代的變化。他還繼承了荀子的性惡說，認為人人自私自利，因而主張治國以刑、賞為本。

　　韓非是先秦法家思想的集大成者，他總結了商鞅、申不害和慎到三家的思想，提出了一套法、術、勢相結合的法治理論。

第七章

與老子談天論道

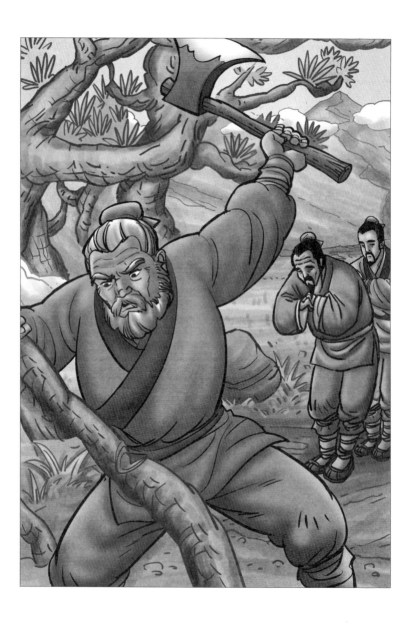

墨子師徒與韓非告別之後，就急急忙忙的回到剛剛出來的那個山洞口。他們也擔心著其他人的情況，但不知怎麼，他們在山洞裡面東拐西走，就是無法走到原本的洞口，於是墨子就說：「這樣吧，我們還是從剛剛的山洞洞口出去，然後翻過這山頭，照一定的方向走，不用在這山洞裡繞來繞去。」

禽滑釐當然也就跟著老師走出了山洞，然後開始往高處爬，爬呀、爬呀，慢慢的接近了山腰的地方。

山上的風非常的大，也微微地飄起雪來，此時看見接近半山腰的地方居然站著一個人在那裡砍柴，於是他們慢慢的接近，禽滑釐走上前，跟那位樵夫欠一欠身，輕聲問道：「請問先生這是哪裡呢？」沒想到那位砍柴的人竟不理他，也不答腔，繼續忙他手中的活兒，直到墨子也走到了跟前，說：「先生，我們迷路了，想翻過這個山頭，找到下山的出路，請您指示一下路線，好嗎？」

這時樵夫說：「你們跟我來吧！」

於是墨子跟禽滑釐就同這位老先生一起往更高的地方走去，走著、走著他們看見了一間茅草屋，於是，他們就跟著走進去。

那位樵夫說：「你們不應該來這個地方。此山名為窮暝山，是一個很特別的地方，不是一般人所能夠上來的，不知今天是怎樣的因緣，讓你們能上得此山，在此出現。」

墨子與禽滑釐也覺得非常非常的奇怪，他們上山沒多久，

照說應該不會爬那麼高，但他們發現好像已經凌駕各山峰頂，這間茅草屋的位置也很特別，可以透過月光，隱約地望到窗外的雲海，雲海之上其亮無比，景觀非常奇特。

禽滑釐因此好奇地問：「請問您是……」

「我隱身山林，隱姓埋名，你們不必知道我是誰，你們就在這住一晚，明天我就指示你們下山的路。」樵夫如此說道，於是禽滑釐便不再多問。

墨子這時心裡面還想著：「弟子們現在正在做什麼呢？」他看著遠遠的景觀，滿天的星斗，不禁有些蒼涼、感慨的心情，然後他就說著：「啊，這萬物都是上天的造化啊！上天是多麼的奇妙啊！沒有上天的賞賜，人要如何生存呢？」

沒想到這時，那老樵夫突然接腔說道：「哪裡有你說的那種天呢？」

墨子問：「我姓墨名翟，不知先生如何稱呼方可？」

「老夫，老夫隨你稱呼。」老樵夫說。

墨子說：「那我就稱您『老先生』，難道您從來不曾驚訝過天地萬物是多麼的奧妙嗎？」

老先生說：「天地萬物都是從『道』而出。『玄之又玄』。」

「道？道又是什麼東西呢？」禽滑釐說：「這道不就是我們上山的路？為什麼萬物會從路而來呢？」

老先生回答道：「『道』，是不能用說的，你說出來就不再是我想要告訴你那萬物根源的『常道』。」

墨子看到那老先生深沈的眼神，聽到他那篤定的語氣，心裡就知道他不是一個簡單的人物，於是就跟那老先生請教：「請問您所謂的『道』，既然不能說，那我們怎麼知道它是萬物的根源呢？」

老先生說：「『有物混成，先天地生』啊！它是聽不到也看不到，這個『道』使萬物生長發育變化，你看四時的變化，春、夏、秋、冬，周而復始，這個『道』是萬物的根源、萬物的母親。我沒有辦法說它的名字是什麼，所以我才勉強用『道』這個字來說它。」

墨子說：「您所說的『道』我能夠瞭解，但是我們認為宇宙的根源是天，天愛所有的萬物，所以祂也讓萬物能夠生長能夠發育。」

老先生說道：「天地不偏不私，純任自然，把萬物當成芻狗一般，這種用草紮成的狗，祭祀的時候用一下，用完之後就丟掉，絲毫不會愛惜。天地任憑萬物自然生長，不施惠，也不干預。這個萬物根源的道呢，它沒有什麼仁愛，它只不過是一種萬物發展的規律！」

禽滑釐問說：「那這個規律又是什麼呢？」

老先生說：「這『道』的規律，在每一個事物身上表現出來的就是『德』，而它發展的方向是朝相反的方向發展，所謂『反者，道之動』。」

「什麼叫做『反者，道之動』？」禽滑釐不解的問。

老先生說：「『反者，道之動』，就是所有的事物都會往相反的方向發展啊！太陽升到正午，在日正當中時又熱又亮，可是它慢慢的往西邊偏斜，直到夕陽無限好的時候，已經近黃昏，這一切的變化都是往相反的方向發展。從白天到夜晚，從夜晚再到白天，人的精力、體力也是一樣，從小孩到青年到壯年再到老年，不都是往相反的方向在發展嗎？」

「生的相反就是死，但死的相反又是生，如此循環不已嗎？」墨子心中想的是人死為鬼的那種「生」。

老先生繼續說：「『反者，道之動』這個『反』還有葉落歸根的意思。你看，到了冬天，樹上的葉子紛紛飄落到地上，黃了、枯了、又化為塵土。但它原本從何而來？不就是從地土中樹根的養分慢慢地長出根、莖，長成樹幹、長出樹枝、樹葉？它要回到它原本所在的地方。人呢，原本來自於自然、來自於宇宙，從無到有。有了生命之後，每個人都有意識、有欲望，一生追求功名利祿之後，生老病死，最終又回到了大自然的懷抱中，這也是一種葉落歸根啊！」

墨子說：「您講得頗有道理，但我們墨家認為所謂回到大自然的懷抱乃是以神靈鬼魅的方式存在！」

老先生說：「即使魂魄也不能離道而行！所謂『載營魄抱一，能無離乎？』告訴你們，『反』的意思還包含著相反相成，所謂的『有無相生』。」

禽滑釐問：「什麼是有無相生呢？」

　　「就是陰與陽彼此的互動才能產生萬物，所謂『道生一、一生二』，二就是陰、就是陽，使萬物變化的兩種原理，『二生三、三生萬物』。你看我們這茅草房子，中間若不是空的，怎樣讓人住到裡面？要是沒有這個窗戶，怎麼能夠讓空氣、風吹進來呢？因此，要有無才能有；要能出，才能進。你們看那天下有生命的萬物，不是一雄一雌、有公有母、有男有女，才能形成這豐富的世界啊，這就是相反相成。所以我說這個『道』的的發展就是反，而『反』有物極必反的意思、有葉落歸根的意思，更有相反相成的意思！」

　　墨子說：「既然您講了『道』那麼多的性質，怎麼能夠說『道』是不能言說的呢？如果『道』是不能夠言說的，而您又說了這麼多關於『道』的特性，那您不是自相矛盾了嗎？」

　　老先生說：「正言若反、正言若反，絕聖棄智、絕學無憂！」

　　禽滑釐問：「老先生您為什麼要說『絕聖棄智』，又為何要說『絕學無憂』呢？」

　　老先生說：「所謂的『聖』跟『智』都是人世間一種價值上的判斷，所謂的『聖』是指有才智的人，所謂的『智』，我指的是一種巧智，也就是一種自以為是，人們從局部的經驗、有限的觀點，就以為自己可以掌握整體，做出正確的判斷。人們常以自我為中心，為了滿足一己的欲望就為自己的所作所為找合理化的藉口，人們忘了大道的偉大，忘了大道運行的永恆。人們運用自己的巧智、自己的一點點知識就肆無忌憚、為所欲為，

結果把人間搞得如此混亂，所以我說絕聖棄智，是說不要受到世俗標舉出來的那種權勢與名利所影響，不要成為這種有巧智的人。」

禽滑釐說：「那又為什麼要『絕學』?」

老先生說：「因為人如果不按照大道來行，常是充滿著私欲，既然充滿欲望，就會靠他的巧智、他所學習來的知識，滿足他個人的欲望，為了滿足個人欲望，往往不擇手段，逆性而行，不該做的也做了，這樣就是違反了大自然，因此我說絕學無憂。」

墨子說：「您和我的弟子談了這麼多有關於聖、智、學的這些問題，您是希望我的弟子聽進去，好向您學習，還是您這樣子講講，不希望他學呢?」

老先生不回答，墨子繼續說：「如果您是希望他學的話，您又說絕學無憂，那這樣不是自相矛盾嗎? 既然講了就是希望別人和您學習，而您又在講的內容裡面否定了學習的價值，您這樣是自相矛盾啊、自相矛盾啊!」

老先生只說：「正言若反、大智若愚。」

墨子講說：「我們應該要努力的去做，人就是應該要向天學習。」

老先生說：「人要向地學習。人向地學習，地向天學習，天向道學習，道要向自然學習，道本身就是自然而然。」

禽滑釐問：「人怎麼要向地學習呢?」

老先生說：「所謂的『人法地』，因為人都是活在這大地上，

而在這大地上有不同的地形、不同的地貌、不同的地質，生長出不同的植物、養活著不同的動物，所以，人活在這個世界上，要逐水草而居啊，必須要依它的地形、地勢來蓋房子啊。我們的食衣住行不都要在大地上面，順著大地的自然，順著河流，順著這些有植物、動物、食物的地方，我們才能夠生存、才能夠生活嗎？因此我們必須要向地學習，大地有著太多的知識值得我們學習。」

禽滑釐再問：「向地學習我已明白，那請問地為何又要向天學習呢？」

老先生說：「所謂『地法天』，這個地形、地貌、地質，是不是受到天氣、受到氣候的影響啊？刮風、下雨、結霜、下雪都會影響大地啊，會影響大地的植物生長，動物的活動，當然也會影響人類的生存啊。所以所謂的地法天，就是大地的發展是受到天的法則所影響的，所以在人法地之後，地要法天。」

「喔，原來如此。」墨子在一旁聽到，也覺得蠻有道理的，於是問：「那天為什麼要與道來學習呢？」

老先生說：「天之道，『損有餘而補不足』。人之道則不然，是『損不足以奉有餘』。天對於萬物的發展有一定的原則，這原則就是使萬物的變化和諧而平衡；多的變少，少的變多。這也就是『反』的作用，來自於道，所以天要法道。」喝一口茶後，他繼續說：「我剛才是用舉例的方式來說天、地、人的關係，其實天、地、人都與道有密切的關係，受道的影響；而且，天、

地、人也都是以道為其根源，這『道』既是萬物的根源，也是萬物的回歸之所，是萬物得以生成發展的原理，而所謂的『道法自然』，它是自己而然，它是『獨立而不改，周行而不殆』的，不是任何事物或由另外的原因造成，道是自己自然而然，所以我說道法自然。」

「嗯……」墨子點頭稱是，但是墨子也告訴老先生說：「在我們墨家認為，人就是要效法天，而天希望人從事正義的事情，天要人與人之間兼相愛、交相利。」

老先生說：「談到愛，我有三種寶貝，好好保存著，不敢丟失。其中最重要的，就是『慈愛』，以慈愛之心戰爭，則能獲勝；以慈愛之心防守，則能鞏固；上天如果要救助人，一定會給他慈愛之心，使他能自衛自助。」

禽滑釐說：「的確，我們做天要我們做的事，天也就能夠給我們想要的東西。請問您另外的兩個寶貝是什麼呢?」

老先生說：「另外兩個寶貝，一是『節儉』，有而不盡用，才能有寬廣的發展；另一是『不敢為天下先』，謙下居後，反而能夠成為萬物的首長。」

禽滑釐說：「這與我們老師對我們的教導一致，老師也強調節用與節葬的思想。老師說：『儉節則昌，淫佚則亡。』食、衣、住、行、喪葬，日常生活各方面只求經濟實用，反對奢侈浪費，各種花費用度，都要以滿足人民的實用需要為原則，如果不能有利於民眾的就不要去做。至於謙下居後，不敢為天下先，老

師也曾教誨我們要立志以謀求天下人的福利，以此作為我們自己的本分，各人發揮所長，努力實踐，而不一定要出仕做官。」

墨子說：「老先生，這三個寶貝，您講慈愛，我講『兼愛』，您說節儉，我說『節用』，您談謙下居後，我談興天下之利的『義』不必為官。在我看來，這三寶都是出於天志。因為天行廣而無私，祂愛所有的萬物，所以是我們效法的最高標準，而兼愛、節用與義，都是天希望我們去做的事。您這三寶的根據又是什麼呢？」

老先生說：「那當然是『道』嘍！人法地、法天、法道啊！」

墨子又問：「那您要先體會『道』的內容才能效法道吧！那麼您是如何體會，如何效法道呢？」

老先生噓了一口氣，說：「致虛極，守敬篤。」

禽滑釐問：「這又是什麼意思呢？」

老先生說：「你必須空虛你的內心，讓你的內心非常的安靜、平靜，如此你就會看到萬物生長的原理，也就能夠體會道的意境。當你的內心安靜達到了極致，你就會看到恆常的道理，如果你不能體會這恆常的道理而任意妄為的話，必然遭受災害。因此要能夠法地、法天、法道，你就必須要透過一種內在的修養才能夠體會道的奧祕。」

墨子說：「我們要能體會天意，也必須要感應、感通天，感通了天意，我們就會知道什麼事情該做，什麼事情不該做。我們要積極努力地依照天意來行事為人。」

老先生卻說：「道常無為，而無不為。」

禽滑釐問：「什麼是『無為』？難道是什麼事都不做嗎？」

老先生說：「不對，無為就是不要妄為，不要執著你自己的看法，因為人的眼光往往短淺，人做事往往短視近利，我們只有順道而行才是正途，我所說的無為就是『不要做違反道的事』。」

墨子說：「我們強調積極有為，但我們的積極有為乃是順天而為。」

禽滑釐至此突然擊掌大聲一叫：「啊！那我瞭解了，如果道與天同樣都是宇宙根源的話，老先生說的無為跟我們墨家所說的有為其實還蠻像的。因為我們的有為是要順著天意來做，而您所說的無為是不要違逆道的規則來做，那既然不違逆道來做，也就是要順道而行，順道而行跟我們墨家的法天而為，不就是十分相似了嗎？」

這時突然有人開門進來，原來是老先生的學生文子。

文子見了老先生說：「老師，學生不知道有客人，請見諒。」

「這兩位是迷路的人。」老先生說，並且與文子使了個眼神，好像意味著這迷路不單純是迷路，文子也能體會他老師的心意，於是就招呼墨子和禽滑釐到隔壁房間去休息。

第二天天亮沒多久，從山腰上傳來呼喚的聲音，雖然隔著重重雲霧，也能聽見他們遙遠而微小的聲音，喊著：「墨老師、墨老師！大師兄、大師兄，滑釐大師兄！」

原來墨子的弟子已經爬上山來找他們的老師和大師兄。

墨子說：「我的弟子們找上來了，我們該告辭了，多謝您的款待！滑釐，將我行囊中的鵲鳥雕刻拿出來送給老先生，留作紀念吧！」

禽滑釐小心翼翼地從袋中掏出一個小盒，再緩緩打開盒蓋。呈現在眼前的，是一隻烏黑發亮的木雕鵲鳥，引頸展翅，好像飛在空中，大小不過六寸，卻逼真細緻。刀法極其精細，鳥眼小如綠豆，卻是能夠活動的；鳥身刻著美妙花紋，絨毛清晰可見，長長的尾翼宛如飛行中被風拂動般的弧度，栩栩如生，維妙維肖。

墨子說：「老先生，非常高興有機會在此人間仙境與您相逢，這是我自己雕刻的工藝品，小小禮物，聊表感謝之意，請您收下。」

此時，老先生看得入神，仔細端詳著這隻活靈活現的小鳥，再向墨子說道：「墨老師，你不必客氣，我也有一件東西要送給你，只是那東西不在我身邊，一時半刻還拿不回來，墨老師你可否多留兩天再走？」

看著墨子面有難色，於是老先生又說：「不然，讓你的弟子多留下來幾天吧！」

看著老先生誠懇篤定的神態，禽滑釐與老師商量著說：「老先生是位學問淵博的人，境界高妙。老師，我就在此多留兩天，之後再下山找你們，如何？」

墨子說：「好，那你就多跟這位老先生討教討教，我先走一步。」於是墨子辭別這位異人，就往山下走去會見他的學生。順著弟子們呼喚的方向，經過彷彿雲海般濃厚的霧氣，終於見到了他的學生們。

弟子們看到墨子十分高興，就問：「老師您去了哪裡？怎麼去了這麼多天，我們都找不到您，非常擔心您的安危，於是我們分頭尋找，這才找著……咦，大師兄呢？」

聽到弟子們說「這麼多天」墨子先是一愣……，接著心裡有數地說：「他還在山上向一位隱者討教，那位隱者有相當高超的智慧，他在山上多停留幾天，之後再下來與我們會合。」

墨子就跟他的弟子慢慢下山，下山以後就在一處田莊裡面暫時停留，等著禽滑釐歸來。

　　×　　×　　×　　×　　×　　×　　×　　×　　×　　×　　×　　×

禽滑釐辭別老師之後，老先生就讓文子帶著他去拿禮物。禽滑釐心裡想著：「什麼東西一時半刻拿不回來？是植物、動物，

還是『天下至寶』……?」跟著文子翻過一個山頭又一個山頭，下到淙淙的水澗，攀爬嶙峋崖壁，走了一天一夜，終於看到了一座小土丘，丘上林木蔥蘢，風吹過去，林濤起伏，嘯聲不斷，蔚為壯觀。他問：「文兄，請問這是什麼地方?」

文子說：「這是大禹的陵墓。」

禽滑釐簡直不敢相信，眼前這座墳竟然是他們墨家最敬重的大禹之墓，恭敬之心不禁油然而生。同時，心中對於「天下至寶」的期待更加迫切。

文子帶著他從陵墓的側門進入，沒想到墓中有階梯通往地下，透過洞口的光線，還可以看得見階梯兩旁牆上竟然雕刻著不同的圖案，圖案四周還雕飾有山水、花草的紋路，線條細緻，氣韻生動。走進地底後伸手不見五指，他開口想問文子，但文子卻不讓他出聲，他只能站立在原地不動，卻聽到文子在地下洞穴中悉悉窣窣的走動聲，搬開石版的摩擦聲，悶然一響，文子好像將某個沈甸甸的東西放在地上，過了一會兒，文子拉著他的手，逐階而上。

禽滑釐十分納悶，文子如何能在伸手不見五指的洞中，還能動作俐落。忍不住好奇，他問：「文兄，您對墓中的環境很熟嗎？為何如此黑暗的洞中也能活動自如？」

文子答：「用眼看不如用心看，有時瞎子比明眼人看得還清楚。」

走著走著，兩人竟然從陵墓的另一側出來。只見文子手上

提著竹篾編的簍子，裡面好像裝著蠻重的東西。

禽滑釐氣喘吁吁的問：「請問您手中提的是什麼東西？是老先生要送給我老師的禮物嗎？」

「是的。」

「能告訴我那是什麼嗎？」禽滑釐還是好奇地想知道。

文子答：「這是送給墨老師的，當他拆開來看時，你就會知道。」

見文子的回答總是有點愛理不理的樣子，禽滑釐覺得無趣，也就不再說話。兩人一路無言，往老先生的茅草屋回去。

匆匆趕路的回程中，經過一處濕地，文子走在前面，突然一腳踏進爛泥中，整個身體慢慢往下陷，禽滑釐在後頭趕緊止步。文子將那竹簍高舉過頭，要遞給禽滑釐，說道：「你先把這東西拿過去，放在踏實的乾土上，再把我給拉上來。」文子雖然身陷泥沼，但是絲毫沒有任何驚恐的神色，說起話來還是慢條斯理，神色自若。

禽滑釐聽文子的指示，迅速的將竹簍接過來，放好。四顧張望一下，找到一根比較粗的樹枝，伸向文子。此時，文子下半身都已陷入泥中。文子伸手拉住樹枝慢慢爬起身來。

這一折騰竟耽誤了一個多時辰，禽滑釐幫著文子將他身上、草鞋上的泥用葉子擦去，口中說著：「等一下風乾之後再拍去泥巴、塵土即可。」

文子說：「禽兄，多謝！真是欲速則不達。我們就放慢腳程

吧。」

　　禽滑釐見文子態度和緩，於是又把心中的疑問提出：「文兄，請問您師父，老先生究竟姓什麼？」

　　文子說：「他就姓『老』。」

　　「哦！」禽滑釐心想，雖然還是簡答，但至少他願意告訴我。於是再問：「老先生是否是一位得道的隱者？他都教你些什麼呢？」

　　文子說：「『聖人處無為之事，行不言之教。』我的老師教我的是自然而然之道。順道而行，說而不說，不說而說。」

　　禽滑釐問：「何謂聖人？」

　　文子咳了一聲，答道：「聖字從耳，代表『聆聽』；聖字從口，表示『言說』；聖字從王，表示『站立』。聖人聆聽那不可知的天、超越的道；言說那眼目所見的山河大地、鳥獸蟲魚；挺立於人世間，建構那人文秩序與理想。聖人存乎天地，依循天地之道，以立足於人間。」

　　禽滑釐說：「文兄所言甚是。我們墨家也是聆聽天意，行道人間。但您是如何聆聽呢？」

　　文子答：「學道在於聽道，聽道若不深，學問就不精。所以，最初級的聽是用耳，中級的聽是用心，而最高級的聽是用神。」

　　禽滑釐再問：「這三者有何差別呢？」

　　文子說：「用耳朵聽，你只能學到皮毛，像在皮膚表面一般；用心靈的領會而有所契合，就像聽進比皮膚深一層的肌肉一般；

如果你能用天地萬物一氣運化實現於人的根基『神』來聆聽，你就可以聽到真正自然的召喚，好像聽到了最深的骨髓一般。」

禽滑釐聽了之後，聯想到墨老師常提及的天人感通，以及天志的偉大，陷入深深的思考之中。他心中想著：「聆聽必然有說話者，那展現意志的天就是說話者。」一路上他們還聊了許多，十分投機。走著走著，老先生的茅草屋已出現在眼前。

又過了一天，禽滑釐把握機會向老先生討教了許多問題，老子也將那天人之際玄妙之理一一闡釋。臨行前，老先生說：「轉交此物時，請幫我帶兩句話給墨先生：『有無相生，可道常道。』」禽滑釐行禮稱是，然後辭別老先生與文子，帶著禮物下山。穿過層層雲霧，走到山下，也順利找到墨子和他的師弟們，他帶著相當興奮的心情將這幾天發生的事一五一十地向墨子報告。

「老師！山上那位老先生，據他弟子說，是好幾代以前的人，已經有一百多歲了，這幾天我從他那裡學習到不少深奧的道理。我覺得他的思想與我們墨家有不少相近的地方。喔，對了！這是老先生送您的禮物。」禽滑釐用一種神祕的眼神，看著老師，雙手奉上。

墨子說：「那人就是老子。」弟子們也都流露出驚訝的神情。墨子語畢，恭敬又謹慎地將竹簍打開，裡面有一個質樸的木盒，他再小心翼翼地拆開木盒，一顆像小孩頭般大小的烏黑石頭躺在盒裡的乾草中，這石頭烏黑發亮而有著天然的紋路，遠看像一張臉，但卻沒有眼；這石面的中央部分略微隆起，像鼻卻沒

有孔。圍過來觀看的弟子們，七嘴八舌地討論著這究竟是個什
麼東西。

　　禽滑釐對於「天下至寶」的期待，頓時落空，有點無奈的
說：「這比老師送給他的鵲鳥木雕要差多了。老師的雕工有多精
細，而這塊石頭卻什麼都不像，可能只是山中水邊隨便撿來的
一塊石頭罷了。」

　　墨子沈默不語，慢慢將這烏石捧起，前後端詳，不經意看
到此石的背面竟然刻著蒼勁有力的「愛智」兩字。

　　一旁的弟子高石子說：「哦！原來放反了。」

　　墨子搖搖頭說：「非也！」轉頭問禽滑釐說：「老先生曾對此
物說了些什麼沒有？」

　　禽滑釐說：「有的，有的，我差一點給忘了。他說將此物交
給您時，要我帶到這兩句話：『有無相生，可道常道。』」墨子聽
完不住點頭，了然於心。

平時不太說話的曹公子問：「老師，這兩句話是什麼意思？和這禮物又有何關係？」

墨子說：「先聽聽你們大師兄的看法。」此時，弟子們都將眼光轉向禽滑釐。

禽滑釐說：「我能夠瞭解『道可道，非常道』的意思。但卻不知這兩句何意。」

耕柱子說：「你所謂的『道可道，非常道』，就是對宇宙的根源不能言說的這回事，對吧？」

「是的，因為我們不能用生活經驗中的話語，去表達作為整體經驗世界的根源；就好像我們不能用一條河流中的魚蝦之名，去指稱這條河流的源頭一般，這也就是他所謂的『名可名，非常名』。但是，如果我們不能用『名』來表達這宇宙的根源，那所說的名又有何意義呢？」禽滑釐說。

「老師不是曾經教過我們，『名』的產生，是透過我們的認識，而我們人的認識過程，有感官的作用、有心智的統合作用，這一切可以使我們認識外在事物的性質，並且，在我們腦海裡形成了概念，透過正確的名表達出來，達到名實相符，就能夠表達我們心裡所想的以及所認識的事物啊！」耕柱子趕緊提醒著禽滑釐。

禽滑釐說：「但老子說『有些事物是不能夠透過名來表達的，因為名是有限制的』。」

墨子說：「那你說說看名有什麼限制呢？」

　　禽滑釐說：「如果我們要說眼前的事物，我們所經歷過的事物，我們當然可以用名來表達，但如果要去指出一個我們所有生活中從未經驗過，並且要指出『天地萬物的根源』這樣的東西時，我們就無法找到適合的名稱去表達它，這是老子他的意思。」

　　墨子聽了之後，說：「你說得不錯！」

　　禽滑釐問：「但老子現在卻說『有無相生，可道常道。』不是相反於『常道，不可道』的說法嗎？」

　　墨子緩緩起身，向著弟子們解釋道：「你們看看這塊石頭，一面混沌，無形無狀，這是『無』；另一面刻有愛、智兩字，明確地指出了我們墨家的核心思想──兼愛與明智，這是『有』。所謂『有無相生』是告訴我們，當我們懷抱興天下之利的強烈使命時，別忘了另一面的『無』，也就是超越於一切萬有的心靈境界。而『可道常道』則是告訴我們，在執著而不執著中，我們可傳此兼愛、明智之道，我們也可行此兼愛、明智之道。這是老先生送我此禮物的用意。」

　　弟子們聽得似懂非懂，只有大師兄禽滑釐慢慢地點頭，似有所悟。一陣靜默之後，師弟魏越好奇地問：「老師，什麼叫做『執著而不執著』？」

　　墨子說：「執著的是我們的理想，但不執著的是我們達成理想的方法。我們相應於不同的情勢，要有不同的作法。例如：你們師兄弟到不同的國家去，要講他們國家迫切需要的事。國

家若昏亂，就強調尊重、任用賢人，使政令一貫，下同於上。國家若貧窮，就提倡節省用度，節約葬禮。國家若有飲酒作樂的風氣，就教導他們音樂宴樂以及宿命觀點的弊病。一個國家的人民若荒淫邪僻，行事無禮，就向他們講尊敬上天，侍奉鬼神的重要。如果一個國家喜好侵略爭奪，就向他們宣傳兼愛眾人，停止戰爭的好處。總之，見機行事，選擇所到國家最迫切需要的事講。當我們一切都盡心盡力的去做了，甚至犧牲生命也在所不惜地努力過，至於事情是否做得成，理想是否終能實現，就不重要了。我們要有那超越現實的心靈境界，一切以天意為依歸，不受成敗的影響，這便是更大的不執著。」

墨子喝口水，潤潤喉繼續講：「老子所說的那『無』的心靈境界，在我來看，就是天人相感通的境界，也就是天心通我心的境界。不只每一個國家有他們迫切的需要，每一個時代也有它迫切的需要。放眼天下，我們所處的時代是一個怎樣的時代？絕大多數的百姓被戰亂逼得走投無路，無容身之所，飢不得食，寒不得衣，勞不得息。天心何忍？天志何容？我們有感於天心、天志，豈可無動於衷？只有力行兼愛，替天行道，除天下之害，興天下之利，才不虧負上蒼所交付我們的使命。」

墨子講完，弟子們個個動容，深深受到這番教誨的感動。

禽滑釐說：「我們的時代充滿戰亂，我問老子，天下為何爭亂？他說：『不尚賢，使民不爭。』」

高石子說：「這與老師說的『尚賢』思想，不是相抵觸嗎？」

公尚過也說：「為什麼不尚賢，人民就不會爭奪呢?」

禽滑釐說：「老子他認為，當我們在價值上去爭辯賢能與不賢能，怎樣是美，怎樣是醜，怎樣是好，怎樣是壞，怎樣是高，怎樣是下的時候呢，就已經有了分別心，就有了好惡，所以他指出，對於所謂的賢，如果去強調它、標舉它、崇尚它，那反而是成為人們爭相仿效，彼此明爭暗鬥的原因，所以他說『不尚賢，使民不爭，不貴難得之貨，使民不為盜，不見可欲，使民心不亂』。不只是『賢』，其他像那些金銀、珠寶、瑪瑙等等難得的貨品，人們想要的東西，都不要特意去強調、去崇尚，不然就會使人的欲望氾濫成災了。」

公尚過問：「老師，到底是我們主張的尚賢是對的，還是老子所主張的不尚賢是對的呢?」

墨子回答：「於此天下大亂之時，當然是要崇尚賢者，使具備有『厚乎德性、辯乎言談、博乎道術』的人來管理國家社會，才能長治久安啊! 如果我們不尚賢，那豈不是要讓那些沒有德性、沒有能力的人來魚肉百姓嗎? 如此天下豈不更亂了嗎? 老子與我們墨家思想的不同在於，他太消極了，似乎阻止了人與可欲之物的接觸，就能防止欲望的氾濫；事實上，那是阻止不了的! 重要的是，人在接觸到可欲的事物時，能不能以德性來控制自己的欲望。意志不堅定的，智慧一定不高，所以我們所崇尚的賢人，首要的條件，就是厚乎德行。此德從何而來? 當然來自天德。欲義惡不義的意志從何而來? 當然是來自天志。」

接著，墨子繼續和弟子們談論天對於萬物以及人的愛。當禽滑釐聽到老師再次提到「天是行廣而無私，施厚而不德，明久而不衰」，這樣的普遍愛人的時候，他想起了老子的一些話，他說：「老子說：『上德不德，是以有德。』他的看法是：上德者，因任自然，不自以為德，才是真正的德。這不正是講我們墨家『天』的施厚而不德嗎！」墨子點頭認可。

公尚過問：「天又為什麼不會衰竭呢？天為什麼具有恆久性呢？」

禽滑釐眨了眨眼睛，說道：「老子他說過：『天長地久，天地之所以能長且久者，以其不自生，故能長生。』也就是說，天地之所以能夠長久，它們的一切運作都不為自己，所以天地才能長長久久。這不是講我們老師所說的『天』乃無私與明久而不衰嗎？」

墨子說：「是的，老子還說：『道是獨立而不改的』。萬物受到種種因素影響不斷變化，而道卻是因而不是果，它是不變的。」

禽滑釐接著說：「我記得老子還說：『上善若水，水善利萬物而不爭。』他強調的是一種守柔不爭的處事態度，要像水一樣。像水流到低下的地方，它不與萬物相爭，但它卻有利於萬物，所有的植物都是依傍水而生，你們看水中有多少的生物，有水才有生命。這不就是老師曾說過的：『取下以求上也，說在澤。』」

師兄弟們熱烈地討論著老子與墨家思想的異同，直到深夜。其中墨子的兩個弟子，縣子碩與跌鼻兩人相約想親訪老子的小

茅屋，當面求教。可是他們照禽滑釐告訴他們的原路上山，再怎麼找都找不到那茅屋的蛛絲馬跡了。

老子

　　先秦時代的哲學家，道家學派創始人。根據孫以楷主編的《道家與中國哲學》（先秦卷）考證，老子是宋國相人（或楚國苦縣人），約生於西元前 571 年，姓老名聃，小名李耳，他曾在周王朝任守藏史。

　　西元前 516 年，王子朝在周王朝內部爭奪王位的鬥爭中失敗，他與失勢的貴族攜帶大批周朝典籍奔楚；老聃因失職而丟官，回到故鄉相邑隱居。其間，孔子來訪，既問道也有所論辯。由於相邑的位置在吳國的北方、楚國的南方，是吳楚相爭戰事最多的地方，這迫使老子離開故里，往西出關入秦，隱居於扶風，死葬於槐里。

　　《老子》一書探討了宇宙的形成、自然的規律、國家的治理、身心的修養等一系列的重要問題，提出了道、德、自然、無為、不爭、柔弱、有無相生、相反相成等概念，對於中華文化的發展有重要的影響。

第八章

墨子論君子與立志

　　在返回魯國的這一路上，弟子們圍繞著墨子，把握著向老師請益學習的機會，他們的對話也非常的有意思。

　　這一天，耕柱子奉老師之命，帶著兩個師弟到鄰近村莊去買點食物與日用品，沒想到，在半途竟然把錢搞丟了，只得空手回來。墨子知道之後，非常的生氣，耕柱子十分委屈地說：「難道我沒有一些優點、或一點長處勝過別人嗎？」

　　墨子說：「如果我要上太行山去，要騎乘一匹千里馬，還是用一頭牛來駕車上山呢？」

　　耕柱子說：「我當然是要乘那匹千里馬上山囉。」

　　墨子說：「你為什麼會選擇千里馬呢？」

　　耕柱子說：「因為千里馬牠才能夠擔負上太行山這樣的一個任務啊！」

　　墨子說：「是啊！我也認為你是能夠負得起重責大任的，所以我才要教訓你、才會責備你啊。」聽到老師這麼一講，耕柱子的心也就釋然了。

　　這天，墨子和弟子們談「君子」，說到：「天下的仁人君子，必須依天意行事。」治徒娛和縣子碩便問墨子說：「我們是要按照天意來行，但每個人情況不同，要怎麼做才算得上是一個君子呢？」

　　墨子說：「君子立定了志向，確立了目標，就要努力去達成，有計畫，有方法，積極有為，天天有進展；在貧窮的時候有廉節的操守，在富足的時候更能有仁義的作為，這種人活著的時

候，被人愛戴；死了之後，為人所哀傷，一生行事，符合正義，這種人就是君子。」

這時另一邊的弟子勝綽問墨子：「老師，是否像治國、平天下等有關天下人的大事才算正義之事？」

墨子聽了，微微一笑，他說：「一般人好像把正義的事看得太嚴肅了，其實正義的事就好像路邊的一個人，他背了一袋米，蹲在路旁邊休息。當他起身想要把這一袋米扛起來的時候，他卻力不從心，站不穩、拿不動。這時，旁邊的人看見他這個情況，不論年長的、年幼的或者地位高低的人，都應該要扶他一把，幫他把這袋米抬起來。這是為什麼呢？這是因為看到別人的需要，能感同身受，所以願意去幫助別人。這就是合乎正義啊！所以簡單的說，正義的事就是將心比心、愛人若己，去幫助那些有需要的人。」

有一個原來是儒家弟子，現在轉來學習墨子思想的人湊過身來，他問墨子說：「您做正義的事情，但是卻沒有看到您能夠得到什麼樣的好處，鬼神也不見得讓您變得更富有，可是您還一直做，並且要求您的弟子們也都去做正義的事情，這又是為什麼呢？」

墨子回答說：「假使你現在有兩個傭人，第一個見你不在的時候他就摸魚，見到你在觀察他時，他才做事；另外一個，即使你沒看見他，他也做事，不論你在不在家，他都盡力做好自己的工作。請問，這兩個僕人之中你喜歡哪一個呢？」

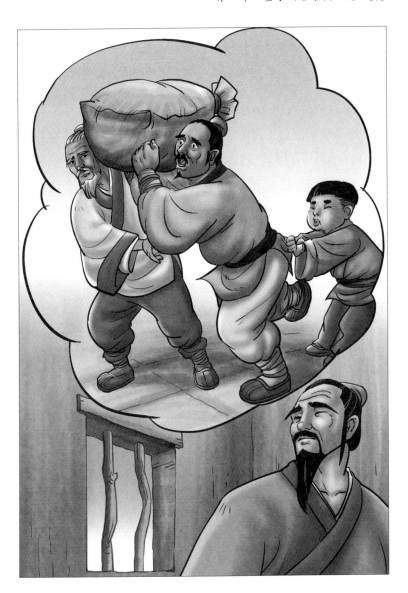

那個儒家弟子說：「我當然喜歡不論我在不在，都好好做事的那一個啊！」

墨子說：「這就對了。難道我們做好事、做善事，一定要在鬼神看到的時候，或者是有回報的時候才做嗎？」

墨子聽說葉公子高曾經向仲尼請教有關於為政的方法是什麼。孔子說：「在於為政的人要使遠地的人民能夠親附他，能夠使親近的人民生活有所改善。」

於是墨子就以這件事為例向弟子們說：「子高他並沒有得到他想要的答案，仲尼也沒有針對他的問題來回答。因為他問的是善於為政的『方法』是什麼，而不是善於為政的『效果』如何。難道他不知道善為政者是能夠有『遠者近之，舊者新之』的效果嗎？他問的是善為政的方法是什麼，這仲尼並未回答，而告訴他所已經知道的。所以呢，子高並沒有得到他想要的答案，而仲尼也沒有針對他的問題來回答了。」

這時，旁邊弟子縣子碩又問墨子，他問：「請問老師，作為一個君子話要怎麼說？我們說話時要注意什麼呢？」

墨子說：「我們說話的原則就是所說的話必須要做得到。如果光說不練，而你卻常常去說這些話，那就是徒勞口舌，那是放蕩的言論，無益於實用啊！」

公尚過在旁邊聽到了，就問墨子：「請問老師，我們應該說我們做到的事，那我們行事的原則又是什麼呢？」

墨子回答說：「我們行事的原則是，凡是有利於天地鬼神還

有國家百姓的事就要努力地去做；凡是有害於天地鬼神與百姓的事，就不可以去做；凡是我們的言行與古代的聖王堯、舜、禹、湯、文、武能夠相符合的，我們就要努力去做。我們的言談行事，如果會和三代的暴王如桀紂幽厲相類似的，我們就不可以去做。」墨子若有所思地接著說：「你做天要你做的事，就會有獎賞，就會有利於你自己。」

這時旁邊的勝綽又說：「老師，是否能獲利的事就是天要我們去做的事呢？像大國去侵略小國，大國不是可以獲利嗎？」

墨子說：「當然不是！大國來攻打小國，就好像小孩兒在玩騎竹馬的遊戲一樣。小孩兒騎竹馬是用自己的腳在跑。手中握著竹竿，腳跨過去當馬騎，或者是小朋友自己來當馬被其他的玩伴騎，這不過是使自己的腳跑累了罷了。」

旁邊弟子問說：「為什麼大國攻小國會是像兒童在玩騎竹馬呢？」

墨子回答說：「現在大國去攻小國，被攻打的國家，他們的農夫就不能夠從事耕種、婦人就不能夠從事紡織，大家都要參與軍事活動，從事於攻占、後勤支援與守衛的工作。攻打的國家要去攻打，防守的國家要防守，於是大家都沒有辦法從事正常的生產工作。所以即使是發動戰爭的大國也就像兒童玩竹馬一樣，不過是自己勞累、自討苦吃罷了。」

又有弟子高石子問：「聽說公孟子曾經說到一個儒家的君子，是述而不作，這樣子的態度是不是正確呢？」

墨子回答說：「這樣子的態度是不對的，我們可以分幾等人來看。凡是最不合乎君子標準的人，他們對於古代的善事不去追述；對於當今的善事，也不去創作。次一等的不符合君子標準的人呢，對於古代的善事他不去追述，但是他自己就能做一些善事。因為他想要善事是從他自己創作出來。現在你所說的儒家君子，追述古代善事而不創作善事，這和不喜歡追述古時候的善事而自己創作善事，都各有所偏失。我認為，我們對於古代的善事要加以追述，對於現在的善事則要加以創作，這樣就能使善事越發增多了。」

縣子碩接著又問：「我知道了，一個君子他是『述而又作』。那我們是不是還有其他的標準來判定一個人是否為君子呢？」

墨子回答說：「我們要來看一個人是不是一個君子，我們觀察的重點就要看他所做的事情。譬如，假設現在有一個瞎子，他會說雪的顏色是白的，煤炭的顏色是黑的。當他說這種話，即使是眼睛好的人、有正常視力的人也不會認為他說錯了。但是如果我們將圍棋裡面的黑子、白子混在一起，再叫這個瞎子去挑選某種顏色的棋子的時候，這個瞎子就分不出什麼是黑子、什麼是白子了。所以我們說，瞎子他是不知道黑白的，但只當他在行動的時候，我們才看得出來。這就像現今社會上所謂的君子，他們滿口仁義道德，他們所說的道理，即使是古代的聖王大禹、商湯也不會反對。但是如果我們將合乎仁義的事情與不合乎仁義的事情放在一起，讓現在所謂的君子去做選擇的

時候，他們就不能夠分辨是非了。所以我們要如何判定一個人是不是君子，我們要知道一個君子是不是知道仁義，並不是依據他們口中所說的，而是要看他們實際的行動，看他們真正去做的是什麼。」

有一個弟子程繁問墨子說：「老師，我們為什麼要反對儒家之道呢？老師您在年輕的時候不也是學儒家的學問嗎？為何後來要反對儒家的思想呢？」

墨子就對程繁說：「儒家的道理有四點足以毀壞天下百姓的生活。哪四點呢？首先儒家他們認為上天鬼神都是虛構的，上天既不神明，鬼神也不靈驗。因此，天地和鬼神當然不高興。這就是第一件讓天下人失去終極標準而毀壞天下秩序的事。第二件，就是儒家主張厚葬久喪。他們製作很厚的棺槨，做許多的陪葬衣物去裝殮死者；在禮儀方面，又要送殯的人盡量的多，送葬的規模像搬家一樣浩浩蕩蕩。守喪要守三年，守喪期間又要不斷哭泣，來表示深沉的哀慟，以至於他們的身體虛弱，必須旁人攙扶著才能夠站立得起來，拄著拐杖才能夠行走。哭得耳朵都聽不見了，眼睛都看不清了，這些事情足以毀壞天下的風俗，使禮儀表面化、形式化。第三，儒家主張彈琴歌唱、擊鼓、跳舞、學習音樂，這些事情也足以讓貴族生活糜爛，平民不事生產。再者，他們認為人生的一切遭遇都是命定的，富、貴、貧、賤，長壽或者短命，國家是治理良好或者是混亂，安定或者是危殆，這些都是事先預定的，人力無法改變。如果在

上位的人相信了這些話，就會以消極的態度去面對治理上的問題，不會發憤努力去辦事；下面的人民，如果相信這些話，就一定不肯勤勞、積極的去從事生產工作。這些事情都會令天下萬物敗壞啊！」

程繁說：「老師您這樣子攻擊儒家會不會太過分了？」

墨子說：「假使儒者之道沒有這四件事情，而我這樣說他們，我就是在毀謗他們。現在儒家的確有這四件事情，而我這樣說就不是毀謗他們，只不過將我觀察到的說出來罷了！」於是程繁和墨子就繼續討論了許多儒家的思想與道理。

在談論的過程中，墨子竟然又稱讚了孔子的一些想法和儒家的一些思想。程繁覺得很奇怪，就問墨子說：「您既然反對儒家，又為何會稱讚孔子所說的話呢？」

墨子說道：「我會肯定、稱讚孔子，那是因為他所說的話也有對的時候。他所說的話如果是對的就不能夠更改。這就好像鳥兒知道天氣要變熱的時候，就會往天空極高的地方飛去；魚兒如果知道天氣要變熱的時候，就會游到水中最深的地方去。這種對於天氣的預測，雖是大禹、商湯的智慧都不及。一般人會以為魚和鳥是愚笨無知的，然而大禹跟商湯有的時候還是要去請教牠們。現在我墨翟怎麼可以一概不顧孔子的話呢？只要他說的話是正確的、是對的，我們還是必須要聽從啊！我們並不是為反對而反對，乃是根據客觀的事實提出我們的見解，因此，只要有人說的是對的，不論是誰說的，我們都應該加以肯

定。」

　　途中，一位原來是儒者的弟子問：「講古代的言語、穿著古代的服裝，就能夠算得上是所謂的君子嗎?」

　　墨子說：「從前商紂的大臣們，有的像費仲，是天下的殘暴之人；有的像箕子和微子，是天下的正人君子。在當時他們說同樣的語言，但有的是仁人君子，有的不是仁人君子。周公旦是天下的聖人，管叔是天下殘暴之人，他們雖然穿的是一樣的服裝，但是有的是仁人，有的不是仁人。可見得言語和服裝並不一定要是古代的才好。況且，你尊崇的是周禮，卻未尊崇夏禮，那你所謂的古代還不是真正的古代啊!」

　　這位同情儒家的弟子聽墨子這樣的說法，還是不太服氣。於是墨子又說：「我們一定要穿古人的服裝，說古人的言語才算是君子的話，那我請問，古人又要向誰去學習？他要仿效誰的服裝？如果一直追溯到上古時代，總有一個階段那服裝、語言是古人自己的創作，如果他沒有仿效的對象，也就意味著他不是君子了。因為他無法按照他那個時代之前的古人所說的話去說、所穿的服裝去穿。如此，也就是要我們現在的人去學習古代一個不是君子的人，然後你說他才是君子。所以你說君子必說古代的語言、穿古代的服裝，這是不合理的。只學習表面上的說詞與穿著，而不能把握古代君子的精神，那是無濟於事的。」

　　這同情儒家的弟子又說：「在這個世界上雖然沒有鬼神的存在，不過呢，作為一個君子必須要學會祭祀的禮儀，這是很重

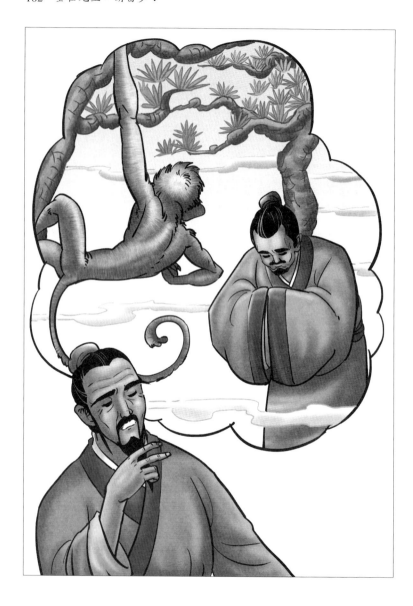

要的。」

墨子就說：「儒家既然認為沒有鬼神的存在，卻要求儒家的弟子，要去學習祭禮；這就好像是沒有客人來訪，而要求人們去學習接待客人的禮儀呀！沒有鬼神而要去學祭祀，這也就好像是在一個湖裡面沒有魚而要去做魚網一樣，是自相矛盾的。」

經過數十天，墨子師徒一行人，終於回到了魯國。魯國國君剛好有事想要徵詢墨子的意見，聽到墨子回來，便特別召見他們。於是，墨子帶著弟子們一起進宮。

「我們要如何觀察一個人呢？」國君問墨子說：「我有兩個兒子，其中一個非常好學，很有知識；另外一個呢，很有慈悲的心懷，並且願意和別人分享他所擁有的財富。不知道讓哪一個來做太子比較好？」

墨子想了一下，回答說：「這可不知道！因為不曉得他們的動機到底是什麼。他們會是為了想得到賞賜與好名聲，才這樣子表現的嗎？他們是為了能被立為太子，才故意做做樣子嗎？那就好像釣魚的人，你看他站在水邊，好像彎著腰、鞠著躬，其實他並不是為尊重水裡的魚。你再看那些放毒藥想要毒殺老鼠的人，看起來好像是要給老鼠準備食物，其實他並不是真正的喜歡老鼠。所以，我希望君主能夠在觀察他們行事之外，同時更要體會他們的用心，仔細考察他們的動機，這樣才能夠得出正確的判斷。這也就是所謂的『合其志功而觀之』。」

× × × × × × × × × × ×

墨子回到自己的講堂，今天要給弟子們上一堂重要的「立志」課。

縣子碩對於昨天墨子與魯君對話中的「志」與「功」有進一步的思考，於是問墨子說：「老師，請問什麼是『志』?」

墨子說：「志就是由心之所適，意之所往，念之所至，行之所與。它的意思就是即將要付諸行動的一種心意、一種意向，也就是內心專注在某一個目標的意念，這就是所謂的志。」

縣子碩繼續問：「老師，那麼志對於一個人來說有什麼重要性呢？」

墨子回答：「志可以說是一個人的理想所在。志指向理想，也使人邁向理想。人生在世不能夠不立志，有了志向就要努力地去實現他的理想。」

公尚過問：「您對人生有什麼看法呢？」

墨子說：「人都是活在現在，人都是活在當下。不過人在所生活的當下，他有兩個面向。一個，他會回頭，會回憶過去所發生的事情，更長遠的來說就是人的歷史。所以他會對於人過去的歷史、所發生過的事情賦予意義；另外一個面向，他會向前看，他會對未來有所期待，他會希望將來有一些美好的事情能夠發生。所以我對於人生在世的看法，簡單說就是：人都是活在現在，那是對於過去所發生的事情賦予意義，對於未來即

將要發生的事有所期待的現在。」

公尚過繼續問老師：「對於未來，有什麼值得您期待的事情呢？」

墨子回答：「對於未來，有許多的事情都值得我們期待。譬如，許多人都希望他的未來能有健康的身體，最好能夠長命百歲，生活能夠過得幸福、愉快，有財富與好名聲。有人希望他的家人都能夠平安、有福氣，還有些人則希望能夠國泰民安……，這就是人們心中的理想。一個人眼界的大小會影響他的志向，放眼天下，我的理想與志向，在於能夠興天下之利，除天下之害。希望全天下的人，都能夠兼相愛、交相利。使有能力的幫助弱小殘缺的，有知識的去教導那無知的；使老有所終，壯有所用，幼有所養；使這世界充滿和諧的愛。」

魏越在旁邊一邊聽、一邊想，於是他問老師：「每一個人所生活的世界都一樣嗎？為什麼張三所期待的和李四所期待的會有所不同呢？」

墨子說：「人們都活在同一個世界之中，這個客觀的世界就是我們所看到、所聽到、所聞到、所摸到的這個世界。我們也是透過這個我們共同所感受到的世界，互相的溝通、彼此交往，人與人之間能夠在這個客觀世界裡共同生存發展。可是如果我們仔細的去分辨每一個人的想法或價值觀，會發現每個人都不完全相同；每一個人在觀察事物，他的觀點、他的看法，或者是每一個人對於所經歷過的事情所賦予的意義、給予的評價也

會有所不同，甚至每一個人內心深處的感受，也都不會完全相同。」

公尚過問：「為什麼會這樣呢？」

墨子說：「因為每一個人，或者是每一派學術思想，甚至是每一個國家、民族，對他們而言的『意義世界』並不相同。」

縣子碩問：「那什麼叫做意義世界呢？」墨子回答：「所謂的意義世界，是人們感通天意、感通他人，以及自我感通的結果，使人心中產生一些特定的傾向，進而建立起來的這樣的一個世界。這意義的世界包含了一些特性。」

禽滑釐問：「有哪些特性呢？」

墨子回答：「它包含著整體性、創造性，還有理想性。」

公尚過問：「什麼叫做整體性呢？」

墨子回答：「所謂的整體性，就是在一個意義世界裡面，將宇宙的根源、萬物變化的規律、人生最終的目的，做整體的把握。這個整體所把握到的意義世界，對他來說是他認為合理的。對一個學派來說，或者對一個團體來說，是他們大家可以理解而接受的，是他們大家可以去談論的，是他們可以去進行思考的，是他們可以相互溝通、傳達的，並且也願意努力去達成其中人生的終極目標。」

公尚過再問：「這個整體性，有什麼作用呢？」

墨子說：「它可以成為價值的判準，是劃分所謂有意義的或者是沒有意義的一個界線。透過這界線，去篩選某些事物的價

值與意義。譬如說有些人認為，感官欲望的滿足最有意義；有些人認為，唯有賺錢才最有意義；有些人認為，去治理好社會、管理好一個國家最有意義；有些人認為，提升技藝、發明創造最有意義；有些人認為，能夠追求知識、智慧才是最有意義的。每一個人認為有意義的事情都是包含在他的意義世界裡，而這個整體性就是區分出有意義沒有意義的界線。」

禽滑釐接著問：「那麼，為什麼所謂的意義世界會有創造性這種特性呢？」

墨子回答：「因為，在人們所建立起來的意義世界中，所有事物，或多或少，都有這個建構意義世界的人他自己的主觀性與選擇性，去經歷、參與、創造和選擇。而他的創造可能是原本客觀世界所沒有的。例如，某種路邊的野草對張三來說，經過時是視而不見的；可是對於李四來說，這種草採來燉煮之後，卻可以是救命的草藥。又譬如，有些人認為我們墨家的兼愛思想是無父，是不孝，甚至被批評為形如禽獸；可是對某些人來說，我們兼愛、非攻的思想，不但要愛古代的人，也要愛未來的人，就像愛現代的人一樣，這種兼愛思想卻是他生命意義之所在，是他人生至樂的寶典。所以，在意義世界中的事物，都有某種程度的創造性。」

禽滑釐再問：「那麼這個意義世界所具備的理想性，能不能請老師進一步說明呢？」

墨子回答：「創造包含著選擇與方向，所謂的理想性，就是

這一個意義世界的動力與方向。理想是推動人在這個世界上生活、行動的一種力量。意義世界中的一切事物，都會因為這個理想性而聯繫成一個有機的整體，使得意義世界成為一個能動的、有發展力量的載體。意義世界中的理想可以使人為之生、為之死。例如，像我們墨家的興利除害的理想，摩頂放踵而為之，節用、節葬的作為；又如我們可以為了大我而犧牲小我，我們可以像大禹治水，三過其門而不入，以自苦為極。因為我們有全天下的眼界，我們有興天下之利的理想。」

公尚過問：「是否每一家每一派所建構的意義世界都包含著理想性呢？」

墨子說：「是的。意義世界提供了人們一套世界觀、人生觀與價值觀。所謂的意義世界，雖然與當時的現實世界有一定的關係，也與建構者的感受，也與他所處的傳統思想、價值觀相聯繫著。現實的世界雖然影響著人們的生活，但是思想家們、哲學家們所建構的意義世界，卻可以超越現實世界的限制，勾勒出美好未來，更深刻地影響著人們現在的思想與行為。」

管黔敖接著問：「老師，您的意思是不是說，所謂的客觀世界是一回事，但是每一個人內心中的意義世界則是另外一回事？」

墨子說：「沒錯！只有意義世界才是真正主導人們認知、思考、表達、行動的背景因素。像我們墨家認為天愛萬民，人以天為法儀，兼愛、尚同、貴義是有意義的，如果有人根本不相

信天志的存在，也不相信天有賞善罰惡的公義力量，這就是兩種迥然不同的意義世界。」

縣子碩問：「我們墨家興利除害的理想，要如何來達成呢？」

墨子說：「達成我們墨家的理想基本上有三方面。第一就是我們要感通天志，去體察天意。第二我們要自我感通，瞭解如何愛自己。第三要能感通他人，去體會人的需要。如此，我們才能夠恰當適宜地法天而愛人若己，這也就是我們墨家天人合一的方式。」

縣子碩再問：「我們所相信的天，祂有意志，祂能夠賞善罰惡，能夠要人從事正義的事，這些我們都常常跟老師學習。」

禽滑釐還補充說：「天不只像你所說的，更重要的是，天愛天下所有的百姓。祂在混沌的天空中，分開了日月星辰。白天有日頭，晚上有月亮可以照明大地。祂制定了四時的變化，使人們知道春耕、夏耘、秋收、冬藏有一定的規律。在氣候的變化上面，祂普降甘霖，適時降下雪、霜、雨、露，使得五穀雜糧麻絲都得以生長，讓人民能夠利用這些植物，讓人們有食物可以食用。並且上天也建立了人間君臣長幼的秩序，並且祂也樹立了賞罰的標準。從古到現在，天是那樣的愛我們，所以我們也應該效法天對於萬民的愛，普遍的愛所有的人。這也就是我們墨家的理想。」

墨子接著說：「是的。禽滑釐所說的正是我們墨家的天人合一思想。」

公尚過問：「理想是一回事，現實又是一回事，我們活在現實中來追求理想，可是我們能夠達到理想嗎？」

墨子說：「所以我現在要告訴你們『功』的意義。前面我們提過了，志和功是不一樣的。所謂的功，就是一種功效，就是一種勞績。所謂『功』就是按照一定的法規，來完成目標的一種工作績效。這個目標是什麼呢？這個目標就是志之所向的理想。而所謂的法規呢，就是天訂的規律，或者是天所呈現給人類的一種必須遵循的標準。」

公尚過問：「這標準是什麼呢？」

墨子說：「就是愛人若己。透過愛人若己，具體的實踐，才能夠累積這些逐步完成的功，而朝理想去邁進。」

縣子碩問說：「怎麼樣做才是愛人若己呢？」

墨子說：「愛人若己就是視人之身若其身，你自己受傷的時候會痛，你要想到別人受傷的話也會痛。視人之室若其室，如果你愛你自己的屋室，你也應該要去想到如果別人的屋室受到了天災或人禍的傷害、破壞的時候，會有怎麼樣的一種感受。視人之家若其家，視人之國若其國，可以隨著不同的範圍而擴大。把別人的國家看成自己的國家，如果你愛你自己的國家，你也要愛別人的國家。所以愛人若己，它可以隨著程度、層次的不同而逐漸擴大。我們墨家的兼愛，它是不論關係、親疏、遠近，也不論在社會地位的階級、高低、貴賤，我們的兼愛是一種平等之愛。當我們在實踐兼愛的時候，會因著對象的不同、

情況的不同，或者是實踐者本身的狀況等等，有所不同。因此在具體實踐兼愛的時候，就必須同時考慮志與功，權衡他所處情境中的利害。我們的心志當然是希望能夠達到普遍、平等的愛所有的人，可是在具體實踐的時候還是會有一些差別。所謂：『愛無差等，施由親始。』愛是沒有等差、沒有差別的。可是在具體實踐的時候呢，還是得從身邊親近的親人開始。」

縣子碩問：「老師那這樣，我們跟儒家的等差親疏之愛又有什麼差別呢？」

墨子回答：「因為儒家的等差親疏之愛，是建立在血緣關係的遠近上；而我們的兼愛，是根據天的普遍之愛。我們看人是平等的，他們看人是有差別的。我們在實踐兼愛的時候當然也會有遠近之分，但是我們在實踐愛的時候則仍然以天下人為念，而不像儒家他們有所謂『老吾老以及人之老，幼吾幼以及人之幼』的推愛說法。但問題是，要愛到怎麼樣的程度呢？你要照顧自己的小孩照顧到什麼程度，你才可以、才願意推廣這個愛去愛別人的小孩？你尊敬照顧自己長輩要到什麼樣的程度、怎樣的分寸，才有多餘的力量去關懷別人的長輩呢？因此，儒家這種等差親疏之愛，已經發展到他們認為愛自家人乃是天經地義，甚至在他們的眼中，除了自家人，完全沒有其他人的存在。這是我們的兼愛與儒家的等差親疏之愛所不同的地方。還有，之前我也和你們說過，儒家他們認為沒有鬼神，可是我們墨家認為人的死亡並不是完全的消失，而是以另外的一種型態存在。

這鬼的存在，也說明了天是公平的，因為天會施行賞罰。我們墨者在實踐兼愛的時候，雖然情況各不相同，但是我們的權衡仍然是有根據的。這個根據就是天。我們要做天希望我們做的事，這樣，天也會做我們所希望發生的事。天希望我們做什麼？天希望有自由選擇的人依照正義而行，所以我們就應該要做符合正義的事情。」

禽滑釐再接著問老師說：「那麼老師剛剛所說的志和功又有什麼樣的關係呢？」

墨子說：「我先讓你們想想志它的作用是什麼。公尚過你說說看，心志有什麼作用？」

公尚過想了一想，他說：「人所立的心志，當人在進行活動的時候，會有一種推動力、一種督促的力量，並且『志』會指向理想，理想正是人行為實踐時候的一種目標與方向。」

縣子碩接著公尚過的話，他說：「人會在他自己所建構的意義世界當中，透過努力的實踐來活得更好。」

墨子問：「怎麼樣的生活叫做更好？」

禽滑釐回答：「所謂活得更好，就是必須要符合在他意義世界中，最根源的那個天。」

墨子說：「沒錯。人在這個世界上能夠活得更好，就是更能夠符合天要我們做的事。雖然『兼相愛、交相利』說起來就這麼幾個字，但是我們要符合這樣的標準卻要不斷的努力。禽滑釐你能不能再繼續談一下志有什麼作用呢？」

禽滑釐思考一下，他回答：「志啊，就是提供我們行為本身具有意義的一種泉源。因為人是追求意義的存在者，每一個人都在追求生命中的意義。而這個志呢，具有開創生命格局的作用，可以超越一個人當下的眼界。老師剛才不是說我們都是活在對過去賦予意義，對未來有所期待的現在嗎？而這個志就可以使我們超越我們在當下的眼界，因為志所指向的目標，必然是一個立志者尚未達到的境界。」

墨子說：「你講得很好！接下來我們再來思考一下，功又有什麼特性？功又有什麼作用呢？公尚過你來回答一下。」

公尚過抓抓頭，思考了一下說：「功可以分為看得見，或者看不見的。我的意思是說，有的是短時間看不見，時間久了才可以看得見。譬如像教育的工作，十年樹木百年樹人。另外，也有的是短期可見，長期卻消失無蹤。譬如說有些人做生意，短視近利，殺雞取卵，短期內可以賺很多錢，可是長期看來他反而會賠錢。總之，這個功有時候是明顯的，有些時候又是隱藏的，它會不斷變化的。而不同的功在同樣的意義世界裡面，會有不同的評價。同樣的功，比如說如何賺錢、賺什麼錢，在不同的意義世界裡面也會有不同的評價。」

墨子說：「你分析得不錯！縣子碩，你談談志跟功有什麼關係。」

聽師兄們剛剛所做的分析，縣子碩認為：「志是對理想的一種抉擇、一種意向、一種終極目標的確立。而功呢，是實踐過

程中的一種功效、一種效果。」

墨子說：「你也講得很好！」弟子們這時，討論得相當熱烈。

禽滑釐問墨子說：「老師，那麼志與功的關係到底是什麼？您還沒有告訴我們。能不能請老師更清楚的說明志與功的關係呢？」

「好的！」墨子回答：「志與功的關係呢，好像是起點與終點的關係。志它是個起點，累積過程中的功，最後完成志之所向的理想終點。起心、動念、力行、達成理想，這是志跟功之間的第一種關係。」

公尚過問：「那第二種關係是什麼呢？」

墨子說：「志與功它們是互為因果的關係。因為有了志，才能夠有實踐的動力；有了實踐，才有趨向理想的功。所以呢，從動力的觀點來看，理想就是原因、實踐就是結果。在另一方面，有了功才能夠顯示志的存在，有了成效才能夠顯示志不是虛假的。因此從認知上來看，是先有功才有志，先有實踐才能夠見其理想。

第三種關係呢，志跟功其實是彼此相互含蘊的關係。功必須要在志的推動下才能夠成其為功的作用。譬如說，你的心志是要到北方去，雖然你往南方走了一百里，這一百里也不能夠算作功；如果你的目標是要成為一個有道德的君子，你努力的存了一百萬，這一百萬也不能夠算是功。因為你的實踐必須要相對於你的理想，你的心志所向的目標，才能夠有所謂的功。

另一方面，志必須要在功的作用下才不虛。」

縣子碩搖搖頭問：「老師，我不懂您說的是什麼意思。為什麼志必須要在功的作用下才不虛？」

墨子說：「例如跑步競賽，以十里地為目標，那就必須要在一里、一里之功的累積下慢慢來完成的。我們墨家的興天下之利，也是必須要在一件一件的互愛、互利、互相合作的事情下才能夠慢慢的完成。」

禽滑釐問墨子說：「有些人批評我們墨家的兼愛思想是唱高調，太過於理想，根本就沒有辦法實踐，您怎麼來看別人對我們的這種批評呢？」

墨子回答：「從剛才我告訴你們志與功的關係來看，如果一種學說、一種思想，它只是有志、只是有理想而沒有實踐、沒有功效，那麼這個思想是沒有價值的。反過來說，若是只有實踐而沒有目標，那也是沒有什麼作用的。但是在一種學說裡面，有功有志，也就是有理想、有目標，不過在實踐上面會有差距，這代表這一段過程是有意義的一段過程。功在志的推動、在志的統攝之下，雖然不能夠立刻企及、達到心志所向的理想，但是這樣子的學說仍然是必須肯定它的價值的。所以，我們墨家興天下之利的兼愛思想，雖然是一個很高遠的理想，但是只要一代一代的人不斷的努力，仍然可以在我們所建構的意義世界中，充滿著豐沛的意義與價值！」

第九章

聽墨子談談他自己

墨子與弟子們返回魯國之後，居住在泰山，各國名士聞風前來求教者絡繹不絕。數年後，他思鄉心切，就遷往魯國目夷村落鳳山，他從小居住的地方。一座茅棚小舍搭在山坳深處，棚頂用樹皮覆蓋，長滿青苔，與四周濃密樹枝融為一體。此時，墨子已年邁體衰、視力減退，生活起居由幾個弟子輪流照應，過著隱居的生活。他經歷多次的穿梭時空經驗，除了與他最親近的大弟子禽滑釐知道老師的奇特經歷之外，旁人並不知道。他平日教誨弟子們「兼愛」的意義，不但要愛當時的人，更要愛古代的人，與未來的人。他曾經用了許多的例證和比喻來解釋這種超越時空之兼愛的意義，對他而言，這不僅是理論上的，在他一生中，確實接觸過不少古代人與未來的人。也在這些奇幻遭遇中，逐漸對於不同時代的知識有所瞭解。

這一天，照顧墨子的弟子們正都出門時，一名奇裝異服、背略駝、頭微禿、鼻梁上還架著眼鏡的人，突然在茅棚前出現，他正扶著門柱喘息，看起來好像還在適應這裡的空氣，看他睜眼吃力，似乎眼冒金星、還在暈眩之中，過了幾分鐘之後他才嘗試移動腳步，打算登門拜訪墨子。墨子雖然年老眼花，但是聽力不錯，聽到房門口有腳步聲，大聲問道：「來者何人？」

來訪者答：「墨老師，我是來自南方的求道者，特來求見。」

只見一模糊身影，墨子說：「請進吧！我在此隱居已久，你是如何找到我的？」

來訪者說：「您還記得多年前您曾到煙霧瀰漫的天界中，與

米爾談效益主義的問題嗎?」

　　墨子回憶起當年的奇特經歷，漸漸回過神來，知道這來者並非一般世俗之人。他平靜地說:「你是來自那天界的人嗎? 你要接我離開人世嗎?」

　　來訪者是第一次被傳送，所以身體不太適應。有一些身心分離的幻覺，定定神，他說:「不是的，有事求教。」

　　墨子心想他應該是與米爾相同的天界神靈，便說:「先生請坐吧!」

　　來訪者說明此次來訪的目的，是希望墨子如實地說明他這一生的經歷，使後人明瞭他的思想與精神所在。徵得墨子的同意之後，來訪者立刻開始請教墨子:「請問您貴姓大名?」

　　墨子回答說:「我姓墨，名翟。」

　　來訪者繼續請教:「翟是什麼意思呢?」

　　墨子回答:「翟啊，就是一種羽毛顏色鮮豔的長尾雉雞。我的父母希望我長大之後能造福天下人，像雄雞司晨一般地帶來光明、一鳴驚人! 所以把我取名叫做翟。」

　　來訪者又問道：「可是後世有很多人認為您的姓不是墨，有的人說您是姓翟名烏；還有人說『墨』只是一個學派的名稱。今天我來就是希望能聽一聽您本人的答案。」

　　墨子驚訝地問：「天界已知後世所發生的事嗎？」

　　來訪者說：「是的。」

　　墨子仍有些懷疑地回答說：「哦！那些都是子虛烏有的猜測。」

　　來訪者說：「是啊！根據後世的相關記載：『墨翟、禽滑釐聞其風而說之。』又有：『禽滑釐，姓禽字滑釐，墨翟弟子也。』在您的書中也有稱『子禽子』。禽滑釐既然是姓禽，那麼相同的，在後世書裡稱墨翟、禽滑釐二人同列，那您當然就是姓墨。」

　　墨子說：「這個推想沒錯。」

　　來訪者接著說：「此外，在其它書裡面也說：『孔丘、墨翟，晝日諷誦習業。』孔丘既然是姓孔名丘，那墨翟當然也就是姓墨名翟啊。」

　　墨子露出驚訝的表情說道：「後世將我的名字與孔丘同列嗎？」墨子眼神閃爍著光芒繼續追問：「剛才你提到我的書曾傳到後代，是嗎？」

　　來訪者說：「是的，您的思想已成為不久之後的顯學，天下的知識分子不歸於孔丘的儒家，就歸您所發展的墨家；您所留下的《墨子》一書，原有七十一篇，傳至兩千多年後，所能見的只有五十三篇。」

墨子問：「你在我書中難道沒有見到我自稱己名之記載？」

來訪者說：「有的，在您的書中，您常常都自稱為『翟』，在許多地方都出現過。」

墨子說：「那就對了，有關於我的姓名問題，你們不必再懷疑了，我就是姓墨，名翟。」

接著來訪者又提出下一個問題：「請問墨翟先生您是何方人士？有些人說您是楚國人，有些人說您是宋國人，還有人說您是魯國人。您究竟在哪裡出生的？」

墨子說：「後世對於我的國籍問題，為何會有這麼多的猜測呢？」

來訪者說：「在您書中您弟子提到：『子墨子南游於楚，見楚獻惠王』，您是楚國魯陽人嗎？」

墨子回答：「我曾南遊於楚是沒錯，但若我是從楚國魯陽出發的，那麼南遊就仍然還在楚地，如此我就不會說是南遊於楚，而應該說是遊於楚的哪一個具體的地方。所以我並不是在楚國魯陽這個地方出生的。」

來訪者又問：「同樣在您書中提到：『子墨子南游使衛。』有這回事嗎？」

墨子說：「確有其事，但如果我是從楚國魯陽出發，那麼衛國是在它的北方，怎麼能說『南遊』呢？你想我會是楚國人嗎？」

來訪者說：「所以說您是楚國人的論點是站不住腳的。」

墨子說：「我雖然曾多次到過楚國，但那都是為了去調解戰

事，我本身並不是楚國人。」

來訪者興致盎然地繼續追問：「您曾經做過一件為後世傳頌不已的大事，那就是『止楚攻宋』，您為何如此積極維護宋國？您是宋國人嗎？」

墨子說：「我對天下各國的態度是一樣的，依天志行事，任何大國要侵略小國，發動不義之戰，我能力所及，一定都會出面阻止。」

來訪者說：「我也懷疑您是宋國人的這種說法。在您書中曾有這樣的記載，當您『止楚攻宋』從楚返國時，經過宋國，天正下著雨，您想去宋國邊境閭門那兒避一避雨，可是守閭門的人卻不讓您進去是嗎？」

墨子說：「是的，當他們拒絕我進去時，我內心著實非常難過，我為他們解除大患，他們竟然如此對我，實在枉然。但是我轉念一想，人生在世，做任何事只要順天意而行就好了，別人知不知道並不重要，賞善罰惡、賞賢罰暴在天又不在人。」

來訪者又問：「但是後世的史書上記載：『墨翟，宋大夫也』。您曾經做過宋國大夫嗎？」

墨子說：「如果我是宋國大夫的話，那我為什麼經過宋國的時候，守閭者居然不認識我，還不讓我進入到閭門去躲雨？其實，我這一生從未做過官。」

來訪者說：「所以宋國也不是您的家鄉了。」

墨子說：「當然，我是魯國人。可是在我出生之前，我的家

鄉屬於小邾國，曾是宋國的附庸，後為魯國占有，因此我是魯國人。」

來訪者說：「這樣我就可以帶最準確的資訊回去了。其實您書中也有幾處可以支持您是魯國人的說法。您聽說過吳慮這個人嗎？」

墨子低下頭說：「讓我想想……。」

來訪者說：「魯國城都的南郊有一個人叫做吳慮，他冬天製作陶器，夏天就耕耘田地，他把自己比做聖人舜，您聽到了就趕到南郊去探望他。這是在您書中提到的一段故事。」

墨子抬起頭來，擊掌說道：「我想起來了，的確有這一回事。」

來訪者說：「可見您是居住在魯國之城都的，不然怎麼能夠聽聞到住在魯之南鄙一個小人物的消息呢？又怎麼能趕去見他呢？所以從這些記載的線索中，也肯定您是魯國人。」

墨子說：「我可以很肯定的告訴你，以我出生之時為準，我的確是魯國人。」

來訪者又提出接下來的問題：「冒昧請問，您的出生年代到底是什麼時候？」

墨子回答：「我乃是在周定王初年出生。」

來訪者說：「根據後世學者的考證，您的生卒年約在周定王之初年到周安王之季（西元前 468 到 376 年之間）。」

墨子說：「聽你這麼說，我在世的時間不多了。」

來訪者說：「我們後代是這樣推論的，因為孔子在世時從未

提過有關您的事，這顯示您的活動年代是在孔子之後。之後又有一位稱為孟軻的儒者，因為在您書中也從來沒有提過孟軻。孟子他曾經十分激烈的攻擊您的學說，但您卻一點都沒有提到他，可見您的活動年代要比孟子來得早。還有學者將您的生卒年定在周敬王四十年至周安王十二年之間，也不出孔孟年代之間。」

墨子嘆了一口氣，說：「原來你是要來指示我陽壽剩不到兩年了。」

來訪者說：「晚生並非此意，實乃先生墨學思想深具價值，對於人類未來發展有很大的貢獻，因此後代人真的希望能更加瞭解您，才差派我來此向您討教。」

墨子說：「你不必多作解釋，其實我對於生死之事早已了然於心，人生在世各有使命，我盡到我的職責，無枉此生，何時離世都心安理得。再說，人死不過結束客旅生涯，卸下人世勞煩，死後世界，可期待者猶多。」

來訪者說：「既然如此，請幫助我們更加瞭解您，來繼承您的理想如何?」於是他接著又問：「墨翟先生，能否介紹一下您的生平事蹟? 因為後代許多學者在討論您事蹟的時候，眾說紛紜，但是資料有限，未有定論，能不能請您自己跟我們談談您的經歷呢?」

「好的!」墨子想了一會兒說：我的先祖曾經是貴族，但傳到我這一代早已是一般平民，我小的時候家裡相當貧寒，所以

我跟隨父親到了匠作營裡去學藝，學習雕刻、木工的技術。從十歲學到十四、十五歲。這是我人生的第一階段。

之後，除了學技藝之外，我開始學習讀書識字，接觸到了儒家思想。但是我對於儒家厚葬久喪，繁文縟節的禮樂思想並不認同。因我覺得，孔子儒家的那套思想跟我們這些所謂的賤民、平民大眾的生活格格不入。他們在禮儀上有過多要求，不是一般小老百姓能夠負擔的，若人人遵奉，那會讓我們的生活難以為繼，所以我就離開了儒家的思想，離開了周道，而嚮往樸實的夏政。」

來訪者說：「這與我們看到書中的記載相同。」

墨子問：「書中寫什麼？」

來訪者說：「墨子學儒者之業，受孔子之術，以為其禮煩擾而不悅，厚葬靡財而貧民，久服傷生而害事，背周道而用夏政。」

墨子接著說：「哦，是嗎？我除了跟儒者學習之外，還有一次機會使我能夠去學習關於宗教、祭祀的學問。我是跟史角的後人學習所謂的清廟之守，史角是魯國從周天子那裡請來的史官。這就是我人生的第二階段，一方面學習儒家思想，一方面學習與宗教、祭祀相關的學問。」

來訪者說：「這是後世所提到的：『墨學蓋出於清廟之守。』」

墨子說：「此書所載不差。到了第三個階段，我已屆三十而立之年。在這些年中，我慢慢地把我所學習到、所體會到的實踐出來，工藝技術也不斷精進。於是，就有一些年輕人陸陸續

續投在我的門下，成為我的弟子。我教他們工藝、技術、以及待人處世的道理。我教他們人人平等的兼愛思想，解決天下之亂的方法；同時也教他們木工、輪匠、皮革、陶藝以及軍事上守禦器械的知識、技術。他們各有所長，表現不凡，於是我的門徒也就慢慢多起來。」

墨子回憶往事，慢慢道出：「到了第四個階段，我秉持天意，渴望墨家學說能發揮更大的影響力，我遂帶領這些弟子開始周遊列國，濟弱扶傾，宣傳我兼愛、非攻、尚同、尚賢、節用、節葬、非樂、非命、尊天、事鬼等思想。我的弟子們也都跟著我去周遊列國了，有些弟子被留下擔任官職，或被我派到各國宣揚我墨家理想，我們墨學團體的組織也慢慢成形。這大概就是我生平的四個階段。」

來訪者大感收穫豐富，看看手錶，繼續提問：「請問墨翟先生，您與那麼多的弟子四處出遊，能否說一下曾經到過哪些國家呢？」

墨子將眼光眺望窗外，答道：「簡單的說，我周遊的區域大致在宋國、衛國、齊國、楚國和越國這幾個國家之間。」

「您可以告訴我，周遊各國的一些情形嗎？」來訪者相當期待地提問。

墨子說：「我曾經去過幾次宋國，也曾經在宋國碰到一些麻煩。我也曾去過衛國，去衛國的時候，帶了很多書過去。有一個叫做弦唐子的人感到好奇，他問我為什麼要帶那麼多的書去？

我回答他：『從前周公旦輔佐天子，政事繁忙，每天還要讀書一百篇，現在我上沒有輔佐人君之事，下沒有耕田務農的困難，我怎敢荒廢學習呢，我必須不斷吸收新知。另一方面，我也希望能夠帶著這些書，在衛國倡導、提振他們讀書的風氣。』

　　至於到楚國呢，讓我想想……。有一次，我以獻書的名義去見楚王。楚王看了我的書以後很高興，他說：『這是良書啊！』可是對我提出的治國之策，他卻不能同意。於是他準備把我當成賢者，給我賞賜，讓我留在楚國。我就義正辭嚴的告訴他：『你不能用我的書，我就不接受你的賞賜，你不能認同我的思想，我也不會在你的朝廷上當官。』於是就決然辭歸，這是我在楚國的狀況。另一次，止楚攻宋的事情你已經知道，我就不再多說了。

　　此外，我也曾到過齊國，齊國是當時的強國，他們的為政者不喜歡我的學說。我到過這個國家幾次。其中，有一次見到齊太公田和。」

　　來訪者說：「這事記載在您書中的。」

　　墨子接著說：「我跟齊太公說：『假使這個地方有一把刀，有一個人拿著這把刀去試砍人頭，看看這刀利不利，結果一下就把人頭砍下來，您說這刀利不利呢？』齊太公說：『這把刀很鋒利啊。』我接著說：『我如果用這把刀多去試幾個人的頭，也一下就把他們的頭砍了下來，您說這刀鋒不鋒利？』齊太公說：『這把刀當然很鋒利啦！』我又說：『刀很鋒利，可是試刀的結

果是誰要受到凶禍呢?』齊太公回答:『刀受到鋒利之名,可是那試刀的人將要受到凶禍,因為他拿刀殺人。』我回道:『兼併別人的國家、殲滅人家的軍隊、殺害他們的百姓,顯示你國家的軍隊很強,但最後誰應該得到報應,得到凶禍呢?』此時齊太公就低下頭來想了一會兒回答說:『我應該得到凶禍。』這就是我在遊歷齊國時所發生的事。」

「除了齊國之外,越王曾經透過我的弟子公尚過,備車兩百輛前來魯國迎接我去越國。公尚過是我派遣到各國擔任公職並宣傳墨學的弟子之一。越王見了我派去的公尚過之後,相談甚歡;他提出只要我去越國,他願意把占領吳國的五百里土地全部封給我。可是我對這封地並不感興趣,我所在意的是要能真正以我們墨家之道治國,真正去實踐兼愛、非攻的思想。在這一點上,我後來瞭解越王並沒有同意,所以這件事也就耽擱了下來。整個說起來,我所周遊的範圍包括了宋國、衛國、齊國、楚國及各國間的周邊地域,我希望天下人都能明白天意,停止爭戰。」

來訪者聽到這邊,他又繼續問道:「墨翟先生,您周遊各國之前、之後曾做過官嗎? 因為後人曾說:『蓋墨翟,宋之大夫。』所以敢問先生,此事究竟如何?」

墨子回答:「剛才我已說過,我沒有承擔國君授與的職事,我也從沒有當過官。其實我周遊各國的目的並不是為了找個一官半職來做。有些時候,在某一國家停留的時間較長,又受到

該國國君的禮遇，才會讓人以為我做了官，我弟子們做官的是不少，但是我始終沒做過官的。因為天志才是我的依歸、天意才是我立身處事的法儀。然而，卻沒有國君能做到『天』之仁；你知道我教誨我的弟子們強調順從天志，而天希望人們依照正義來行事。所謂的『義』就是『志以天下為分，而能能利之，不必用』，我們立志以謀求天下人的福利作為我們的本分，但不一定要出來當官才能對天下有貢獻。因此，我出遊之目的是為了宣揚兼愛、非攻、興天下之利的理想，絕非為了做官。」

來訪者繼續提問：「您可知後世有人說『世之顯學，儒墨也。儒之所至，孔丘也。墨之所至，墨翟也』，您發展的墨學後來成了顯學。」

墨子面露興奮之情問道：「我們墨學對於後世真有影響嗎？有哪些影響？為何被稱為顯學呢？」

來訪者想了一想，回答道：「所謂的顯學至少應具備兩個條件：第一、它是顯揚於世，是被一個時代所公認的。它應該具備有相當大的影響力；第二、它必須是一個有系統的理論體系，不然就不足以稱之為顯學。墨家在戰國時代的確是主流思潮，這是當之無愧的。所謂的『顯』，在時間上你們墨家的影響力算起來差不多有三百年。從您周遊列國的年代算起到韓非子的那個年代，就將近兩百年。戰國末期秦代的焚書坑儒，它對於儒家的打擊最大，墨家雖也受到影響，但是相對而言還好。後世有人說：『墨者之法曰，殺人者死，傷人者刑。』這個墨家的主

要精神影響就很大，從結束強秦暴政的劉邦率軍入關的時候與關中父老約法三章就可以看得出來，劉邦說：『殺人者死、傷人及盜抵罪。』這就是根據你們墨家的思想。可見一直到天下一統，墨學都還是有相當影響力的。所以這樣算算，墨學顯揚了近三百年，這與您弟子們的努力有關吧！」

墨子震驚地從椅子上站起來，問道：「你所說的這一切是真還是假？」

「這些事乃聽聞而來，真真假假，我們還須訪查而定。請問您還記不記得您一共有多少弟子呢？」來訪者問。

「我的弟子？」墨子從困惑中陷入深深的回憶，面露難過的神色說：「這幾十年來，在我隱居之前，陸續拜我為師的弟子確實不少。但為幫助小國抵禦大國的侵略，參與守城之戰的，卻也死傷不少。譬如我之前提過的止楚攻宋，楚惠王的時候公輸盤幫楚國造雲梯，準備要攻打宋國。我的弟子禽滑釐奉我的命令，率領弟子有三百多人前往宋國，在宋國城牆上等待楚兵，這使得楚兵不敢攻宋。再加上在越國、魯國、楚國、衛國、齊國的弟子，總的加起來少說也有上千人。」

來訪者說：「這件事除了在您書中有說明外，後世的書裡也有記載，可見墨家的確有相當的影響力。此外，在影響的廣度上，後來的書還有提到：『楊朱、墨翟之言盈天下。天下之言，不歸楊則歸墨。』可見在相當長的一段時間內，墨、楊這兩家思想的影響力最大。但仔細看，還是你們墨家的影響比較大，因

為你們墨家所強調的是一般平民、大眾之道，這能把天下的『賤人』、『役夫』都吸引過來。你們講平等之愛、普遍之愛，你們提倡兼相愛、交相利，不論農工都是你們墨家所關懷的對象。所以在您流傳於後世的書裡，這些農、工、醫者、商人都是你們所看重的。這些社會基層的人占整個社會的絕大部分，所以你們思想在當時的影響力是相當廣大的。這就是為什麼你們墨家會被稱為顯學，也是我今天為什麼要來訪求教的主因。」

來訪者又再問一個問題：「既然你們墨家的思想、學說有那麼大的影響，能不能請教一下，你們的學術淵源是什麼？也就是你們思想的源頭是什麼？」

墨子回答：「簡單來說，我是背周道而用夏政，主張行大禹刻苦興利天下之道。」

來訪者說：「是的！這後世都知道。」

墨子繼續說：「剛才我說過，我也曾向史角的後人學習宗教禮儀，也就是宗教信仰、祭祀方面的學問，所以我們相信天志的公義和鬼神的賞罰。再一方面，雖然我學了儒者之業，我也肯定儒家的某些理想，但對於厚葬久喪、久服傷身，過度強化禮儀，以及人際間等差親疏的差別關係，我是反對的。還有，古代堯、舜、禹，這些聖王事蹟也是值得我們去學習與效法的。如我們所強調的三表法，其中的『本之者』也是我的思想的根據、淵源。」

「我很好奇，後代是如何來看墨學的呢？」

　　來訪者說:「之前,我提到所謂『顯學』必須是一個有系統的理論體系,從我們現在的整理來看,你們墨家的思想包括很多方面,比方說在政治、倫理、科學、軍事等方面都有。有人說,如果孔子的思想放在我們時代的大學教育裡,他的思想只能放在文學院;而你們墨家的思想內容,要比儒家更多更廣。若放到大學教育來看的話,墨的思想可以放在法學院、文學院、教育學院、理工學院,甚至軍事學院,這些都是你們的教學內容。」

　　墨子說:「我不懂你們對於學問的分類。我們所關切、處理的問題,簡單來說就是:第一,我們要瞭解天下之實況為何,有哪些亂象?第二,天下為什麼會亂?我們要找出天下混亂的理由是什麼。第三,我們要提出解決天下混亂的辦法。我認為其中原因很多,例如:天下亂乃起於人與人之間的不相愛,虧人而自利,所以我提出『兼相愛』、『交相利』的思想;或者天下亂是因人民意見不同,各行其是,沒有一個好的領導者,統一大家的想法,所以我就提出『尚同』的思想;或者天下之所以會亂,是起於治理者的能力、操守問題,各階層的管理者並非賢能之人,所以我就提出『尚賢』的思想;又或者天下會亂,是因為大家都不相信鬼神祂們能夠賞善罰惡,沒有一個客觀、公義的絕對標準,所以我就提出『尊天』、『事鬼』的思想,說明天鬼的明智與公正。第四,我們要設法實際改善人民的生活,所以,我提出:『節用』、『節葬』、『非樂』、『非命』的思想。基

本上我們的思想就是要解決天下人的生存與發展的問題，切實改善老百姓的生活。」

來訪者說：「是的，你們的思想中也包括著我們重視的科學思想，像是光學、物理學、機械原理或者幾何學的定義，這些知識應該與你們從工匠出身，累積工作經驗所建立起來的一些知識有關。也因為你們是勞工平民階級，你們會更關心百姓切身生活的需要。不過，我還有一個問題縈繞腦際許久，希望今天能請您解惑。」

墨子說：「你還有什麼問題，就說吧！」

來訪者問：「有一篇對於後世影響很大的文章，雖然一般都認為是孔子儒家的理想，但也有人認為它是墨家的思想，不曉得您能否就這篇文章的內容說說您的看法？」

墨子說：「你所說這篇文章的內容為何？」

來訪者一字一句慢慢念出：「大道之行也，天下為公，選賢與能，講信修睦，故人不獨親其親，不獨子其子，使老有所終，壯有所用，幼有所長，鰥寡孤獨廢疾者皆有所養；男有分，女有歸，貨惡其棄於地也，不必藏於己，力惡其不出於身也，不必為己，是故謀閉而不興，盜竊亂賊而不作，故外戶而不閉，是謂大同。」

墨子聽著頻頻點頭稱是，聽完之後說：「這個大同思想從我們墨家來看，首先，我聽到的是選賢與能，這個選賢與能，我們墨家與儒家不同。因為孔門之選是有等差的，基本上，是在

上層社會和貴族中來進行挑選。這種挑選是以家族、血緣為前提。我們墨家強調的是兼愛、是平等，我們之選是社會各階層的人都包含在內，所謂『官無常貴，而民無終賤。有能則舉之，無能則下之。』『雖在農與工肆之人，有能則舉之』。」

來訪者說：「是的，這些在您書中都談到過。」

墨子接著說：「『尚賢者，政之本也』，這個賢能的『賢』是與『德』相連，也就是所謂的『列德而尚賢』。這種選賢與能排除了等差親疏的關係，以德、能為準。我們的選賢與能，沒有任何社會地位、血緣關係這些條件的限制。只要是有品德、有能力的，我們就會把他選出來，為大家服務。所以從選賢與能來看，這篇文章裡面的大同思想，符合我們墨家精神。」

墨子又說：「『力惡其不出於身也，不必為己』，也與我們的思想相通。」

來訪者答：「這是說每一個人都要為社會盡自己的力量，也就是各盡所能，而你貢獻這個力量，又不僅僅是為你自己。之後，還談到『貨惡其棄於地也，不必藏於己』，意思是生產出來的東西不能浪費吧！有了資源你也不能夠藏於己，亦即不可中飽私囊，你所擁有的要跟別人分享。」

墨子說：「這和我教導弟子們的『有力者疾以助人，有財者勉以分人，有道者勸以教人』思想一致。也就是有能力的人要盡量去幫助別人；你有了夠用的錢財，應該與需要的人分享；你有了知識就要去教導別人。這不也就是『不必藏於己』。」

來訪者繼續問：「在人與人的關係上，它強調『不獨親其親，不獨子其子，使老有所終，壯有所用，幼有所長，鰥寡孤獨廢疾者皆有所養』，這是墨家思想還是儒家思想？」

墨子說：「就這一點而言，與我們墨家思想非常相似，卻與儒家有所不同。因為儒者們主張『親親有術、尊賢有等』，如此，有親必有疏，有近必有遠，人與人處在一個不平等的狀態。而我們墨家卻大聲疾呼要『愛人若愛其身』，『視人家若其家』，『為人之國，若為其國』。我們墨家之理想：『是以老而無妻子者，有所侍養以終其壽；幼弱孤童之無父母者，有所放依以長其身。』這些與文章中的大同思想一一對照，就可知道兩者是相當一致的。」

來訪者說：「是的，這在您書中都有記載。」

「今天，既然你來了，我很想知道我的書在後世流傳的情形如何？」墨子問道。

來訪者說：「根據記載，您的《墨子》這本書是七十一篇；之後亡失十八篇，只剩下五十三篇。這五十三篇，估計是您弟子的上課筆記，因為其中記載了許多『子墨子曰』，或許也有一部分是您弟子的再傳弟子們所寫的。」

墨子說：「我自己也寫了不少。」

來訪者說：「是的，關於您著書的部分，可以從您書中的記載看出。您曾經向楚王獻書，所獻的書應該就是您自己寫的書。但楚王認為這書的內容是『賤人之所為』而不採用。是嗎？」

墨子說：「是的!」

來訪者問：「另外，您書中有『十論』特別有名。」

墨子說：「你說說看是哪十論?」

來訪者說：「像是兼愛、非攻、天志、明鬼、尚同、尚賢、節用、節葬、非樂、非命這些思想，裡面都有提到『子墨子曰』，這些篇章我們所看到的都分為上中下三部分，您可知道為什麼嗎?」

墨子說：「我也不清楚啊!」

來訪者說：「我們猜測，同一篇會分成上中下三部分，應該是您弟子們在不同階段所記載的筆記。我們有人把您書中十論的字數進行統計，平均來說在上中下三篇裡面，上篇是九百多字，中篇是一千四百多字，到了下篇是兩千一百多字。這意味著，可能是您在周遊列國時，常常會對同一個議題反覆論述，您弟子們把不同時期的論述記錄下來，就成了不同的稿本。上篇就代表了是早期的思想，像〈兼愛〉上篇只有五百八十字；中篇代表了中期的觀念，像〈兼愛〉中篇有一千三百多字；下篇就代表了後期的觀點，像〈兼愛〉下篇有近兩千字，內容包含著對於反對兼愛者的駁斥。因此，《墨子》一書的作者應該包含了您還有您弟子們的記載。但是，您曾寫過〈墨經〉、或〈經說〉的部分嗎?」

墨子說：「其中內容為何?」

來訪者說：「有故、知、忠、孝、仁、義、禮等重要概念的

意義，還有數學、物理或技術方面的知識，此外，裡面所探討的一些問題，有些是跟辯者，有些是跟名家，像是跟後來的公孫龍探討堅白、白馬、通變等問題。」

墨子說：「你說的這些，有些我曾教過我的弟子們，有些我沒聽過。」

來訪者說：「某些內容可能是比較後期的，是你們墨家代代弟子們的知識累積與記錄。因此，《墨子》一書的作者，應該包含著您、您的弟子還有再傳弟子等等，它是一本發源於您的原創而在一段期間逐漸累積而成的作品。」

墨子說：「那你能不能針對你們現在看到的這本書，說說它的內容與結構呢？」

來訪者說：「那當然！我所在時代的學者們都把《墨子》一書分成很多部分，在現存的五十三篇裡，像我剛剛所提到的墨子十論，如〈尚同〉、〈尚賢〉、〈兼愛〉、〈非攻〉、〈節用〉、〈節葬〉、〈非樂〉、〈非命〉、〈天志〉、〈明鬼〉，及〈非儒〉。這些是您的基本理論。除〈非儒〉篇外，這些應該都是您弟子記述您的平日演講並加以發揮而成。其中涉及了社會、政治、經濟、倫理、哲學等論點，這些篇章都有『子墨子』的字樣。這種類型是第一類，這部分現存二十四篇。

另外在您書裡，〈耕柱〉、〈貴義〉、〈公孟〉、〈魯問〉、〈公輸〉這五篇是您和您的弟子們的言行錄。其中記錄了您的一些言行、事蹟，還有您與弟子之間的一些互動。像您與弟子們講論關於

君子與立志的問題，就在這部分。這是第二部分。」

墨子聽著頻頻點頭。

來訪者繼續說道：「第三部分可能有些是您自己寫的，有些是您的弟子、後學發揮墨學思想的一些提綱挈領的概要。這裡面又可以分成〈親士〉、〈修身〉、〈所染〉、〈法儀〉、〈七患〉、〈辭過〉和〈三辯〉等七篇。這七篇是第三部分。

第四部分就是所謂的〈墨辯〉，也就是〈經上〉、〈經說上〉、〈經下〉、〈經說下〉，還有〈大取〉、〈小取〉六篇，這些可能是戰國中後期，您的弟子、後學他們所累積起來的知識，裡面有哲學、社會科學、自然科學等，好像一本百科全書，是分布於全國各地的墨家學者代代相傳共同研習的一個課程，這個是您書裡的第四部分。」

墨子說：「是否有我們墨家的守禦思想？」

來訪者說：「當然有。第五部分是您的軍事思想，這裡面有十一篇，包含〈備城門〉、〈備高臨〉、〈備梯〉、〈備水〉、〈備突〉、〈備穴〉、〈備蛾傅〉、〈迎敵祠〉、〈旗幟〉、〈號令〉、〈雜守〉這些。您這本書裡面的內容結構大概可以分成這五個部分。」

墨子聽完流露出欣慰之情。

來訪的客人又看看手錶，加快速度繼續問說：「能不能請教您最後一個問題：「您對後世的人有什麼想法或期待？」

墨翟深深嘆了一口氣說：「我對後世及天界都不太瞭解，但我知道天下至寶就在每一個人的心中，只要你立定志向努力實

踐興利天下的理想，它自然就會煥發出強大的力量。最重要的是，不僅是說出一套理論，更重要的是去實踐，在實踐中學習，在學習中進步，在進步中接近理想⋯⋯」墨子的話還沒說完，專心聆聽又略帶焦急神色的來訪者已化作粒粒閃光，消逝無蹤。

墨子緩緩站起身來，走到門邊眺望，不見任何蹤影，望著渺渺迷濛的山景，他心中仍然充滿著兼愛救世的熱情；此時，遠處傳來一陣陣狗吠聲⋯⋯。

◎平等與差異——漫遊女性主義
劉亞蘭／著

老媽對家庭的付出,是愛的表現還是另類的被剝削?如果生養子女是女人的天職,那男人呢?本書從自由主義、馬克思主義、激進女性主義等觀點,帶領讀者一同了解哲學和性別之間的思辯過程。希望讀者朋友在了解女性主義者為女性發聲的奮鬥歷史之後,也能一起思考:兩性之間的發展、人與人之間的對待,是否能更和諧、更多元?

◎少年達力的思想探險
鄭光明／著

殘敗的燈火,忽明或暗。蕭瑟的街道,角落堆著垃圾,腐臭的味道撲鼻而來。建築物表面粗糙,鋼筋裸露,卻在牆磚隙縫裡冒出不知名的綠色植物,纖細的對稱葉片隨著強風顫抖,再一刻就要吹落⋯⋯在這個世界裡,達力是否存在?周遭一切會不會如夢如幻、只不過是惡魔的玩笑?有什麼是確定的?達力開始懷疑⋯⋯。

◎科幻世界的哲學凝視

陳瑞麟／著

　　科幻是未來的哲學；哲學中含有許多科幻想像。科幻與哲學如何結合？相信許多人會感到好奇。本書試圖分析《正子人》、《童年末日》、《基地》、《基地與帝國》、《第二基地》、《千鈞一髮》、《魔鬼總動員》、《強殖入侵》、《駭客任務》等作品，與讀者一起探討「我是誰」、「人性是什麼」、「人在宇宙中的地位」、「真實是什麼」、「歷史限定了個人的行為自由嗎」等根本的哲學問題。